一行禪師傳記

正念的足跡

UNE VIE EN PLEINE CONSCIENCE

THICH
NHÂT
HANH

作者：瑟琳・莎德拉 Céline Chadelat
柏納・波杜安 Bernard Baudouin

譯者：林心如

Céline Chadelat
Bernard Baudouin

Thich Nhât Nanh:

Une vie en pleine conscience

致謝

感謝下列人士與組織的珍貴協力：丹尼耶．歐迪耶、和解委員會、格雷戈里．甘迺迪—薩萊米、艾瑞絲．曼加．傑西諾、吉姆．佛瑞斯特、明知（Minh Tri，音譯）和伊莎蓓爾、伊莉莎白、娜塔莉、艾爾菲、艾利克、克里斯汀。

目錄

序／一行禪師：心靈與精神

勾勒一行禪師這位人物並非易事。必須清楚了解形塑這位偉大禪師的一生、行動和訓誨的諸多面向。禪師並不將政治及社會行動和禪的實踐彼此區隔。他懂得從傳統中汲取前輩宗師教誨的所有精華，同時也起而反抗傳統，並帶來深刻的變革。了解一行禪師，那也就是認識這位行動者背後的詩人、藝術家等性格，其無限的悲憫之情超越了一切派系。禪師的眼光廣納一切，不帶分別。所謂的「正念」既應用在最為平凡而日常的事務上，也應用於國際社會的政治觀。根據深刻的洞見，我們和他人以及自然都彼此深刻的連結，這番洞見也能重新定位置身在既龐大又複雜體系的核心人物。只要懷抱正念傾聽，並且放下派系的看法、教條、信念，就能夠了解真實。對於「如果您遇到賓拉登，您會對他說什麼」這個問題，禪師回答：「我會傾聽他。」

一如所有的偉大禪師，一行禪師身上也有極富挑戰性的一面，靈敏而且絕頂聰明，融合了溫和與嚴肅，直搗事物的核心。他展現了既堅強、敏銳又和藹可親的一面。他不介意許多僧侶所迴避的身體接觸，當他初次用雙臂擁抱我時，此刻想來仍令我動容，那是專注於當下而平和的心所發出的沉靜傳授。

我在一九九五年認識了禪師。我當時主編靈修文章的叢書，很想出版他所寫的一本關於佛陀一生的優秀著作《一行禪師說佛陀故事》。之後的幾年裡，我和他晤面多次、出版他的多部著作、成為他的弟子，並參加在梅村（Village des Pruniers）舉行的「接現同修」（ordre Inter-Être）。我聆聽他的教誨，而令我印象深刻的是，不論所談論的主題是什麼，他竟然能在兩小時的密集而豐沛的教導中，掌握到佛教的全部精華。這種傳授直接連通了彼此的心靈或是精神。

這位禪師身上的嚴肅並不代表無情，總是充滿仁慈、柔和，並帶有對生命和處境的深刻領會。他兼具了靈敏、堅定以及勇敢的特質。終其一生，他採取的政治人道立場都同時考量到敵對雙方的陣營，彷彿他的觀點超越了這一切，為了人類的利益而非僅只片面支持某項政策的勝利而調停各方。這有時使他同時遭到雙方陣營的排斥。但他以不可思議的堅韌，不畏一切艱難地固守立場，吸引來自所有不同陣營的數十萬成員追隨他。

瑟琳・莎德拉與柏納・波杜安合著的這本書其優點在於觀點的論據充分，並極為精確地刻劃使越南陷於烽火的國際爭端的歷史背景，以及促使一行禪師介入的那些晚近的衝突。確實，若不是透過這兩位作者，則不可能了解這位年輕僧人如何形塑出他的人道主義理想。我們清楚看到在帝國主義支配下的動盪與法國、日本和美國各方野心勃勃的干預之中，禪師如何展現他的人格特質，在無外援的形情下，如何在身邊幾個英勇伙伴的聯手之下，起而反抗蠻橫嗜血的政體。越南是史上最飽受戰火蹂躪的國家，在這一連串駭人的災厄上進行重建，又該如何走出仇恨和愚昧？正是這一切促使了禪師和伙伴，還有他的朋友，像是小馬丁・路德・金恩（Martin Luther King, Jr.）等人進行抗爭。因此，禪師被獲提名為諾貝爾和平獎候選人並不令人意外，但出人意表的反而是，這項獎竟然頒給了亨利・季辛吉

（Henry Kissinger），他在一九七二年的聖誕節和新年期間，和尼克森（Nixon）決定在河內和海防投擲重達幾噸的炸彈，作為和平調停的前置準備，結果總共有一千六百人喪生。

瑟琳．莎德拉和柏納．波杜安善於靈巧地穿插對禪師這個人物的私人層面描繪，以及他的社會和政治行動，並極為流暢地相互轉換。他們的書寫巧妙而出色，本書也將長久地作為關於一行禪師的權威之作。

丹尼耶．歐迪耶（Daniel Odier）

明清師父（Ming Qing Sifu）

前言

在九月收假之後，上午充滿宜人的涼爽和陽光。我輕快地下樓搭乘將駛往奧德翁區參議院的公車；在巴黎尚未全然甦醒之際，盡是一片早晨的寧靜。我準備參加一場別開生面的記者會，主角是一位越南的智者，人們向我讚賞他的風采和崇高的精神，他就是一行禪師。這場記者會將為正念禪修和遊行的週末揭開序幕，由這位智者帶領的這場活動地點位於拉德芳絲區。

受邀出席這場記者會的還包括在各自領域學有專精的經濟學家、醫生、精神醫師和生態學家，此外還有一位女參議員。在他們之間的這位偉大禪師的身影清楚浮現，筆挺而靜止……他似乎樂於做他自己，並且留意他在幾個小時裡所置身的這間會議室、牆壁與天花板。他的棕色袍子和一片祥和的面容使他看起來彷彿屬於另一個時空。

他輕聲細語的音調喚醒潛藏於我內在的細膩部分，我發現自己開始傾聽這位佛教大師說的話，我卸下了心理防備，而且不再抱持全然批判的態度。我的經驗豐富，畢竟這不是我第一次看到一位地位如此崇高的智者。面對這樣的人之際，總是會產生同樣的神奇變化，這一次，會場散發出一股溫和與凝聚的氣息。一行禪師建議現場的代表們在每一場國會會議開始之前先靜思一分鐘，此刻，我了解到他不是一個順從社會時間節奏的人。他只依循自己的吸氣和吐氣。

我坐在椅子上，兩腿交叉，左邊擺著一台錄音機，儼然一副記者的模樣，但我再也不完全是記者了。我沉默地傾聽，在場的這個人讓我們有機會做自己。他的存在壓倒了一切表面的事物，彷彿愛之火已經燒盡一切。新聞稿說明：這位禪學大師的慈悲一視同仁地擁抱一切，包括人類和他們的暴戾；人在理論、觀念、政治黨派中造成的傷害。這麼多的生靈在鬥爭，使苦難的循環周而復始，就因為他們找不到所需的智識，而端坐在我們面前的大師似乎就能引導我們。他說可以將生命的傷痛銘刻在石頭上，或者轉化成玉液瓊漿。人們極為渴望並尋求愛，將金錢和成功與幸福混為一談，迷失在映象和幻想之中。從我的青春期開始，我就感受到人性的這種痛苦。這位大師體現了禪的實踐，他超然而深具吸引力，猶如一股迸發的火焰，喚醒內在的智性。在參議院的一個會議廳的這座講台上，鎮靜的他輕輕地合起雙手，喝一點水。至於這場記者會，我原本只要報導事實的經過就夠了，但是我選擇納入他的話。

他說左派和右派如果缺乏其中一邊，則另一邊就無法存在，而重新賦予現實以某種意義和深度。一行禪師將我們推到自己的舒適圈之外。他關於非二元的教誨促使我們超越表相去看事情。手無寸鐵也不運用暴力的他，推翻了思想的藩籬、內心的雜音以及僵化的觀念。他的反越戰行動顯示他是屬於懷抱良知的少數人，他們重新發現傾聽另一種聲音的力量，既面對也反抗一切。

他的話語和行為絲毫不符合片面而快速的媒體節奏。沒有喧囂、沒有醜聞，只有沉著、和平以及平靜……

這場記者會後來幾乎沒有引起任何的媒體迴響，但是這不重要，溫和仍然具有某種力量，而另一條路由此顯現出來。在美國各地，已經有大批民眾嘗試「正念」，這是一項創新的方法，用來支持百廢待舉的社會，一行禪師幾十年來也持續運用這項不可思議的方法。我在接近正午時分走出參議院，覺得平靜而感動。

星期天，我決定前往拉德芳絲參加正念遊行，聆聽並受教於禪師的教導。非去不可。

那是一個陽光普照而宜人的星期天。三千人在拉德芳絲的高樓大廈之間進行和平遊行。在新凱旋門的一個廳堂，一位女僧人開唱一首歌，歌詞很簡單：「不必去任何地方，不必做任何事，此刻我擁有所有屬於我的時間……」眾人跟著唱。我唱還是不唱？問題就在這裡。如果我唱，我不就迷失？失去一部分的自我？儘管我仍保有一點真摯之情，但我不得不坦承：這首歌使我面對內在的某個部分，那個部分無法毫無條件地用這麼單純的方式表達溫和。而且，我們本身還具有另一個部分，迫使我們認為「這些正在唱歌的人很奇怪」，而且「這不太莊重」。以更精微的方式來說，我感覺到自己的心對我說我應該唱，而且它很想唱。於是，我低聲唱了幾句。我放開一切制約，然後旋即感到充分的滋養。

幾年之後，一位編輯向我提議參與撰寫一行禪師的傳記，我欣然接受了。在整個寫作的時期裡與禪師持續接觸，這是一份我無法推辭的禮物。

瑟琳・莎德拉

第一篇

佛教中的苦難現實

第一章
活躍僧人的歸返

二〇〇五年，是一行禪師被放逐到越南海外的第三十九個年頭，也是最後的一年。歷經多次徒然的嘗試，禪師終於獲得河內政府允准，踏上祖國的土地，停留時間從二〇〇五年一月十二日至四月十一日，為期三個月。

如果這場放逐，原本的意圖是為了讓人遺忘這位前往美國傳達和平訊息的僧人，然而經過這些年，禪師卻變得更加活躍。他以大師之姿返回祖國，備受讚揚。

在遠離祖國的歲月裡，一行禪師堅定不懈地實踐正念，把和平的種籽播撒在人們的內心和精神中。當暴行在各地肆無忌憚之際，卻有從巴黎到紐約、來自世界各地數以千計的人接踵而至，前來聆聽他的和平訓誨。身為宗教大師的他盛譽如日中天，其地位僅次於達賴喇嘛。他竭誠地投身服務最弱勢的人，勇氣過人，加上他啟發了對所有生命型態的愛和尊重的決心，讓他得到多項知名大獎的肯定。世界銀行總裁金墉（Jim Yong Kim）表示，一行禪師的教誨帶領人們「深刻地憐憫受苦受難的人」[1]。

身兼僧人、冥想者、和平的捍衛者、詩人、作家和藝術家等身分的一行禪師，他的作為廣納生命的所有層面，就像他和其至愛的母土之間的連結所顯示：人類的愛，和自然、萬物有情的愛之間並無區別。

一行禪師把他在冷戰背景下的三十九年放逐生涯連結到某種智慧，這是「深觀」（regard profond）的智慧，他揭示：和平並不存在於精彩動人的宣告之中，而是隱藏在人的內心深處，而人應該把和平彰顯出來。改變不是透過強加而來的，而是從自身開始。超越人類自身的力量往往在種種大規模的爭端中發揮作用，但最終還是由人類在其存在的深處選擇實踐生命的方式，並付諸行動。而智者則謙卑地負擔起指引方向的責任。

一行禪師藉助於正念的力量，將他離鄉背井的人生奉獻出來，平撫在輪迴（samsara）[2]之海受盡折磨和在憤怒、仇恨、苦難的波濤中掙扎的世界眾生。他傳授正念，一如正念也曾作為他的導師。正念是什麼？禪師說：「它是一股能量，讓你意識到此刻發生的事。當你全然地專注於當下，你就全然地活著（正念的法文pleine conscience，意指「全面的覺知」）。這是一種深刻經歷你的日常生活的每一刻的方式。這番能量保護著你，並且光照你一切的活動。正念是能夠清楚意識到事物原本的狀態。」[3]

傷痕

那幾年的流放並未使越南人忘卻這位充滿魅力的僧人，他的五官勻稱，一舉一動輕柔，而且話語撫慰人心。越南的佛教團體收斂起興奮之情，等待著「禪師」（Thây）的到來。Thây是表示愛和尊敬的暱稱，在越南語中意指「大師」，而且泛指所有身穿僧袍、被稱為比丘（bhikshu）[4]的人。這個具有許多年輕成員的佛教團體殷切盼望這位佛教高僧的造訪。實際上，這個國家的人民幾乎毫無宗教自由可言。

二〇〇五年，越南和美國對立衝突結束四十年後，越南國土仍負載著這場衝突分化所導致的遺害。越南官方不再容許由禪師創立的越南統一佛教會（Église bouddhiste unifiée）。二十多年來，佛教會的某些領導人遭到監禁。越南共產黨正式禁止人民在官方批准的範圍以外從事佛教活動。人民不准定期去寺廟、進行儀式或燒香。

當權者很清楚，他們透過允許這位廣得人心的佛僧到來，而在全世界的眼前跨出重大的一步。越南政府准許禪師在如此漫長的流放之後返回祖國，顯示他們採行了開放的政策。越南政府實際上需要鞏固國家的經濟，但是越南被歸類為「違背宗教自由的國家」，這阻礙了越南加入世界貿易組織[5]。

順化的寺廟

一行禪師充分利用政府允許他停留的期間，展開長途旅行，由上百位信徒以及「接現同修」的九十位凡俗人士陪同，在他發表演說和非公開場合，和幾萬名慕名而來的越南同胞晤面。這些團體的僧人其簡單而喜樂的生活深深吸引許多年輕人，以至於許多報名參加活動的人因座位有限而無法入場。幾百個年輕人都很想在傳統的梅村接受禪師的修行教誨。

禪師造訪皇城順化的慈孝寺，是這趟旅行的焦點。一九四二年，當年十六歲的禪師在這座寺廟確立了自己的宗教天職，走上菩薩道的康莊大道。我們的世界亟需菩薩，他們的話語傳達出對全人類的愛、慈悲以及深入的參與。依照佛教的傳統，菩薩是去除了業障而達到開悟的人，然而他們基於幫助他人的誓願，而繼續在輪迴之中現身。

多虧這些菩薩其愛與和平的充沛能量，維繫了地球上多種複雜力量之間的平衡，並將愛、和平以及慈悲的種籽散播給需要的人。根據禪師的想法，所有走在了解和慈悲之路的人都是菩薩。「周遭的苦難永遠不會使菩薩感到疲憊，而且永不放棄。他們給予我們活下去的勇氣。」[6] 一行禪師如此說明。這種態度顯示這位高僧多麼無畏地力行佛教典籍教義，也讓所有人都能更加了解菩薩道。他的訊息帶來力量：就連最糟的人都有其價值，他仍具有成為菩薩的潛力。禪師總是直言不諱地肯定這個真理，不論這會招致什麼後果。

而從一九四二年的這一天起，禪師的教誨啟迪了幾千人，促使幾千個菩薩開悟！

從政治和社會的觀點來看，禪師很願意傾聽每一個人，也願意重新了解這個國家的現實處境。法國殖民的遺緒以及印度支那戰爭（guerre d'Indochine，又稱「法越戰爭」），再來是俄國和美國等世界列強意識型態的操作，這一切都深深箝制這個國家，並加深其內部的分化，最終導致了山窮水盡和僵化對立，而這個國家的當權者似乎只會以暴力鎮壓。禪師明白要調和佛教徒的不滿和政府的觀念有多麼困難。但他仍然持續保持傾聽與交流對話，這番願意傾聽的能耐絲毫不受評判者影響，也造就了禪師為人稱道的謙遜特質。

是這位年輕僧人的佛教熱忱使他持續直接正視越南歷史上先後遭遇的困難，設身處地關注國家的危難。他將佛教的智慧和普世的慈悲精華提供給他的同胞。一行禪師選擇了少數人支持的和平倡議，而非機槍掃射的憤怒回應。如果在遠東地區邊界上展開的這場慘劇中應該有一位贏家，獲勝的就是這位佛僧，因為為和平努力是時時刻刻的事。二〇〇三年，他在美國國會發表的一場演說中宣告：「沒有通往和平之路，和平就是唯一的道路。」

第二章

在自我探尋的國度成長

「我屬於龍的民族，妳屬於仙人的民族。水和火彼此毀滅，我們難以和諧共存。此刻，我們必須分離。」越南的守護者和英雄：傳說中的君王貉龍君和排斥他的妻子，美麗的仙女歐姬。這個國家的起源隱藏在這個遠古時期的故事裡，而且混合了大地和水域。越南人於是認為他們是來自握有高權的水中龍族與美麗的山之精靈歐姬的後裔，從土和水的結合中誕生。

根據傳說，像是下龍灣等越南風景是在駭人的怪獸和半神半人的生物對抗的戰爭下形成的。貉龍君和歐姬生下一百個小孩，越南人是龍族與精靈的子嗣，在他們的血液裡，同時流著龍和美麗仙子的血。其中一半的小孩將在母親的保護下散居山間，而另外一半的小孩則和父親住在平原，後來建立了鴻龐氏王朝。根據歷史記載，起初定居在山麓的人民，當人數多到能夠沿著河流與海岸築起堤防之時，才前來占領紅河三角洲。

火虎當道

一九二六年十月十一日，這是火虎當道的年分。在越南中部，一個小孩在承天順化省、名叫廣義的村莊中的一個低微家庭誕生。他們屬於這個國家最大的種族：越族，這個種族的人民以優雅、勤勞和堅毅而著稱。父母將他取名為阮春保（Nguyen Xuan Bao）。在熱帶初冬的乾燥時節，月亮呈上弦月，這是吉祥的徵兆，此時出生的孩子可望具有善良而樂觀的性情。

在他出生之前，他的母親一度流產，這是預示這個男孩未來智慧的第一個徵兆，而他從這個事件引出一個深刻的問題。

「我常常在想……試著在那個時候來到世上的這個嬰兒是我哥哥還是

我？如果這個嬰兒沒有出生，這表示他出生的條件還不具足，於是這個嬰兒決定抽身，並等待最好的情況。……我媽媽第一次失去的是我哥哥嗎？或者是即將來到世上的我，而我認為時候未到而抽身？」[7]

根據一行禪師幾年後所傳授的智慧，每個事件只有在條件具足、時機到來的時候才會發生，而這就是自然律本身。

人們形容這個嬰兒的面容莊重而平靜。他在受到保育的蓊鬱自然下成長。在居民的集體意識中，自然、樹木、植物以及水、火、土、氣這四行各具特有的性能。火淨化、水平息並澆灌大地和稻田，風四處散播土地濃烈而清新的氣息。

水在越南的歷史中發揮特殊的作用，具有多彩的顏色和氣味，千變萬化。紅河的水洶湧而難以逆料，沿岸的沖積層顯現出磚紅色、湛藍色、青綠色。氾濫和淹沒帶來的毀滅力量，但豐饒的能量則形塑了居民的風貌。越南人民把河水疏導到水壩和稻田，試圖加以馴服。越南的別稱不正是「水和傳說的國度」？

人們和一個看不見的世界建立關聯，並認為其中的特定動物具有超自然力。從中也可以看出自中國引進的儒學、道教和與佛教特別的關聯，還有天主教傳教士的影響，這一切比較是透過宗教融合而相互作用，而非單一特定的宗教。

這座村子當時屬於某種地方文化，其中融合了流傳幾千年的祖先崇拜，並結合了佛教、儒家和道家哲學的影響。對祖先的虔敬從鴻龐氏諸王的年代傳承下來[8]，每戶人家於是都具有向前四代先人致敬的祭壇。在一行禪師年紀還小的年代，越南的鄉村農民並不精通神學，而他們雖然無法透過語言清楚表達信仰，卻都懷抱篤信宗教的精神。在這座村莊的生活中，人們時而在月光下舉行宗教慶典。

當村子裡的寺廟鐘聲、公雞啼聲和緩緩移動的牛群叫聲在遠處響起，年幼的阮春保在家族祭壇旁安靜地陪伴父親，並跟著他禱告幾句，祈求平安，禱告之聲在家中迴響了一會兒。這個將成為一行禪師的人將終生持續對祖先表達這番恭敬和深深的尊崇。他受到一個充滿愛的清寒家庭所照料。他的母親負擔沉重的家務，他的父親賺錢供給家用。一行禪師後來將發現，媽媽從前沒有足夠的錢每天餵他喝一杯牛奶，而這必然導致了他瘦小的體型。他們衣食無虞，但也就僅止於此。儘管如此，他們單純的生活方式仍然遭到了威脅。

「從前，我的朋友和我，我們想成為英雄，能夠驅除不幸和消除災難。我們當時不知道做一個英雄必須付出的代價，而也必然是因為這個原因，我們想要模仿從前的騎士。」[9]

這個小男孩七歲那年，透過一幅畫面而接觸到釋迦牟尼佛，畫面中，坐在草地上的悉達多．喬達摩沉浸在冥想之中，臉龐洋溢著特有的祥和，他立刻感到對佛陀崇敬備至。在這一刻之後，他預感到自己的未來。每一天，他都深切盼望自己不久後也能處於平和之中，而在這時，周遭的大人卻眉頭深鎖。

印度支那的多蹇歷史激起年輕的阮春保的決心，使他直接投身踐履從而擔任和平使者。因此，我們現在必須研究越南的歷史，特別是關於殖民的部分，以了解使這個年輕男孩投入這番使命的根本原因。

毒害的禍根

「帝國最美的珍寶」，這是學校教科書和旨在頌揚法國殖民史詩的著作為印度支那所取的稱號。如果從越南的千年歷史觀之，法國殖民只是一個附帶的現象，而這片疆土在這段時期還遭到中國占領。但對於了解將在幾十年後導致北越和南越在冷戰背景中彼此對立爭端的關鍵，殖民史的知識仍是必要的。

印度支那的人民和西方人初次接觸，是透過在十六世紀來到印度支那半島的葡萄牙、西班牙、義大利和法國的天主教傳教士。在那個時期，這並不關乎殖民，而是傳福音。耶穌會的會士將越南文字拉丁化，來取代效法中文的越南文，天主教傳教士則被派到各省去傳播福音，此外，法國並藉此機會，進入鄰近的中國。

對印度支那的殖民始於一八五八年，拿破崙三世在位的時期。據稱當時殖民的理由是為了捍衛被迫害的基督徒。在數十年的殖民期間，殖民者以「貿易權」的託辭，步步為營地侵吞這個國家的豐饒資產。

這個嬰兒在一九二六年誕生時，越南正處於法國殖民帝國的支配之下，越南已經在一八八三年正式附屬於法國，生活處境極為艱困，殖民帝國設立的經濟剝削體系，貪婪無情地導致無數人民陷入悲慘的生活處境，首當其衝的就是處境最岌岌可危的人。民族性向來如此平和的越南人起初在回應殖民國的承諾時，大抵傾向於和殖民者合作，但是，很快地，再也沒有人能無視於所發生的一切。

光是一九二〇年代初期開始的橡膠投機買賣就導致廣大林地的開發，並造成數以千計的人被流放，就為了滿足當時所謂的「黃種奴隸販子」的勞力需求，這些人採行的手段與黑奴販子無異。直接從這項經濟獲利的包括里爾的法孚工程公司、巴蒂諾爾營造公司、國立貼現銀行、興業銀行、里昂信貸銀行、巴黎及荷蘭銀行以及米其林公司。

至於傳統村落的經濟則向來仰賴口糧作物的耕種，但很快地被貨幣經濟所取代。僅僅幾十年之間，貨幣經濟在越南社會引發劇烈動盪。大地主向農民買回土地，而農民也已經無法靠這些土地維生，他們於是不得不將勞力賣給雇主，而且往往處境悽慘。殖民的奴役也慢慢壓垮了越南。

以民族主義回應殖民

當股市突然在一九二九年崩盤，全世界經濟面臨空前動盪。殖民國對越南人民施以更高度的壓迫[10]，而這些人民也已經在數十年的壓榨之下筋疲力竭。許多家庭再也養不起小孩，而將孩子出養。法國持續招募農工、礦工、苦力，光是在南圻，每年就有將近四萬人，這些勞工或者也被「出口」到太平洋的法屬殖民地，以每條船八百人來計算[11]，他們的生存處境苦不堪言，被壓榨到極致，遠離祖先的祭壇，毫無與家人重聚的希望。

為了對抗帝國主義的囂張強權，越南人民逐漸形成對某種共同身分的歸屬感。法國亟欲否定越南當地的文化，以高舉殖民主義的思維、對工人的凌辱和剝削，加上由警察所設置、充滿種族偏見的整套鎮壓設備，這一切更加深了越南人民的憤恨。似乎沒有任何殖民者意識到自己身處於一個講究生活而且崇尚詩意的國家。備受尊敬的《費加洛報》海外記者保羅・波納坦（Paul Bonnetain）如此描寫越南人在一八八〇年代東京之役的時期：「對負面的德行和粗野的惡行滿不在乎的安南，其政治意識和道德意識皆蕩然無存。經年累月的奴役造成的愚鈍和社會階級世襲的律法已使這批亞洲海上難民的記憶趨於模糊。儘管如此，被物質本能主導，加上亞洲土地的資源，他們仍充滿活力和繁殖力，而這個以魚為主食的民族命中注定遭受奴役箝制。」[12]

部分的越南人暗中謀劃反抗，創立了「越盟」，越南獨立同盟會，組織領導人是曾住在法國、並在一九二一年加入共產黨的阮愛國，不久後，他以胡志明之名聞名國際。[13]

殖民導致的內在經濟失衡與民族主義的歷史危機為共產主義奠立了社會基礎，在十年間普及開來，而印度支那的經濟發展起伏不定，產生了一批無產階級，根據統計，在一九三一年，光是在法國人所屬的大型私人企業裡就有二十二萬一千個工人。而越南工人頻繁遷移並始終依附在鄉村，顯示城鄉的就業不足現象愈加普遍。在湄公河三角洲興起的大地產農業和愈加沉重的地租和賦稅的衝擊下[14]，大量的農民落入赤貧之中。

一九三〇至一九四〇年間，是做出抉擇的時候，一些人選擇走上激進派民族主義的道路，甚至最賢明的有識之士都對此深信不疑。

阮春保當時是個即將滿十六歲的少年，幫助受苦者的誠摯意念總是使他滿腹熱忱。儘管他的父母憂慮僧人的生活條件艱苦，而對他的決定持保留態度，但是他仍然前往順化慈孝寺，這間寺院屬於禪宗的臨濟宗。這所學校系出在越南中部和南部特別興盛的法系——禪宗了觀法系[15]。這位年輕僧侶也是在這個法系裡受封「一行禪師」的稱號，他的夥伴們之後並將為他取「禪師」的別稱[16]。一九四一年，第二次世界大戰的烽火蔓延開來。

第三章

陶養自身對苦難的回應

「日常生活是開悟的無盡泉源。」在深受保護的寺院圍場，師父向這位初入門的年輕弟子傳授智慧。

儘管這個年輕男孩全心鑽研佛道，但是他仍然無法無視於同輩人所遭遇的命運。這一年，沉重的苦難遍布在越南的所有村落、城市、地區。朋友們突然失蹤，被軍人挾持和殺害。也許這個少年的雙眼比他的師父們更敏銳地看到國內發生的慘劇。

儘管國家的現實處境近在眼前，然而在這個僧人所處的平和寺院中，時間的節奏是依循著祈禱文，而不是政治新聞，這促使他和這場悲劇保持必須的距離。這座寺院幫助他回歸自我，並且以公允的方式衡量這些事件，擺脫負面情緒的影響。

寺院裡首先傳授的教誨之一是念偈頌：最微不足道的日常活動都是發揮正念的時機。沒有任何活動比這個更重要。在需要打掃、做菜或甚至單純為了站起來而抬起右腳，或把拇指放在食指上、進行冥想的時候，都要把注意力和呼吸集中在動作上。

有一天，他離開師父的時候，沒有留意背後砰然作響的門。他的師父叫住他，對他說：「初學的弟子，你再對我做一次，再出去一次，然後帶著正念，重新把背後的門關上。」[17]禪師後來說，他在一生中學會了如何關上一扇門。教導他的師父雖然對他關愛備至，但並不透過言語表達出來。

一再回歸到當下，這降低了外界事件對內心的影響。於是這個年輕僧人不輕易受到像是憤怒或恐懼等負面反應所左右，是由他自己從內在去發掘自己對苦難的回應。

試驗

面對苦難往往引發自我反省，這是佛教的一項觀念。苦難和它的徵象：死亡、病痛、衰老，都猶如必要的啟蒙，帶領一個人領悟生命的真理。如果沒有這些，那麼精神的探索者將活在事物和存在的表層，而不能指望達到有益的心靈發展。禪師的教誨清楚明瞭：

「我不想把我的朋友或小孩送到一個免受苦難侵擾的地方，因為，在這樣的地方，他們將沒有機會學習培養理解和慈悲。此外，釋迦牟尼佛也教導我們：沒有苦難，我們將永遠不可能學習。他也吃了很多苦；而恰是由於他受過的苦，他才能達到開悟。」[18]

在兩千五百年以前，遭逢苦難標示出年輕的悉達多、也就是後來的釋迦牟尼佛的內在歷程的起點，這位年輕人把苦難轉化成奧妙的宗教經驗，啟發了無數人。

根據米爾恰．伊利亞德（Mircea Eliade），十六歲的悉達多娶了兩個公主為妻，並在父王的皇宮裡過著無憂無慮的生活。他離開皇宮出去三次，而在這三次出遊中，他目睹折磨人類生存的三種無法避免的不幸：老邁、苦難以及死亡。在他第四次出遊，他凝視了一個托缽苦行僧的平和與寧靜，進而思考解救的方式。於是，他在五位弟子的陪同下，獻身於一場極為嚴苛的禁慾和苦修。然而，他了解到這種苦修是徒勞的，於是接受別人捐獻的米和一碗牛奶。弟子們勃然大怒，憤而離去。他坐在一棵樹的宜人陰影中，下定決心在達到開悟之前絕不起身。魔羅化身為死神和惡人，但悉達多克服了襲擊，而在次日破曉時，悟得了《四聖諦》。

第一諦：一切都是痛苦。出生是痛苦，衰老是痛苦，疾病是痛苦，一切稍縱即逝的事物皆是痛苦。然而，不應該從負面或消極的意義上去了解苦難，而是恰恰相反。一行禪師寫道：「我們都傾向於躲開苦難，避開它，並著眼尋求歡樂。然而，從根本上，我們的內心明白：苦難有時可以是有益的。我們甚至可以談論苦難的益處，因為苦難使我們更深刻地了悟，也是透過了悟，我們於是能夠自然而然開放地接受和愛。」[19]

苦難是契機，讓我們更真實、更有人性。別人的苦難也與我們相關，是教人徹底接納生命的機會，以使我們更有生命力，而且最終將會更快樂，因為佛教的目的正是達到一種深刻而永久的快樂。

在一個更普世的層次上，嘗試了解世上苦難的根源就是讓這個世界出現和平的契機。釐清痛苦事件的根源的人會抱持某種細緻而批判的解讀，做出適切而合理的回應，並帶來長遠的結果。這個細察自己情感的年輕僧人不閉上眼睛，也不把視線移開。他任憑淚水盈滿眼眶，同時，他的人道之情傾洩而出。無論如何，他都明白逃避的手段早晚都會導致活在恐懼和無知之中。

轉化哀悼

禪師在年輕歲月裡就遭遇到痛苦的經驗，當他還只是青少年時，死神帶走了他的母親。面對這番令人心碎的失落，他在他所著的《你可以不怕死》中吐露他的內在探詢：

「我媽媽過世那天，我在日記裡寫著：『我的人生遭到了極大的不幸。』飽受折磨一年多……有一天我夢見母親，我看到自己正坐著和她談話，而那真是太棒了……我的母親一直在我的內在，我清楚地這麼覺得。我於是了解到失去母親的想法只不過是想法而已。在那一刻，很顯然我的母親一直活在我的內心。我打開茅屋的門，出去走一走。每次我的腳碰觸到土地，我都知道我的媽媽就在那裡和我同在，從此以後，我再也沒有失去母親的想法了。」[20]

哀悼就此結束，接著展開了嶄新而燦爛的日子。當茶園仍浸淫在早晨的新鮮露水中，這個年輕人超越了他摯愛母親已離世的想法，他再也不孤獨了。他的意識更為開展，他的母親一直都活著，因為他從內在感受到她的存在。

每個人都是他的祖先的延續，他將這次痛苦的經驗化為修練正念的契機。

第四章

反抗的僧人

太平洋上方的天空烏雲密布。

在幾千公里之外，納粹德國在一九三九年九月進攻波蘭。反對這場戰事的法國受命介入，和德軍短兵相接，最後法軍慘敗。一九四〇年六月，簽訂停戰協定，正式宣告法國戰敗。

與納粹結盟的日本等侵略國趁虛而入，他們的軍隊紛紛集中到前線。日本倚仗越南的某些反殖民運動，而對印度支那進行突襲占領。法國殖民統治者或與殖民者合作的越南人都人頭落地。在後來的幾年裡，日本對這座半島東部的控制愈趨高壓。

此時正值阮春保的人生開展之初，當時的事變深刻影響了其覺知的發展走向。雖然，表面上可以將人民的不幸歸咎於歷任的當權者，然而這個胸懷大志的年輕佛僧則對這些事件予以某種精神性的解讀：在他周遭蔓延的苦難構成某種素材，他可以藉此更精進自己的覺知，並使之更趨成熟。越南人所遭受的磨難使他感到椎心之痛。每個事件、每個行動都是契機，促使他培養清楚而深刻的了解。

共產主義的來到

在同一時期，其他民族主義和反抗運動從一九四一年九月開始彼此連結，而在胡志明與共產黨的領導下，成立了越南獨立同盟會。

屬於當時越南反抗法國殖民的一部分的共產主義獲得壓倒性成功。引進馬克思主義的不是白人，而是對所要進行的政治活動從事深層考察的越南人。[21]

從一九四五年起，革命圍繞著多個外部據點開展，中國、莫斯科和蘇聯共產黨，巴黎和法國共產黨，這些據點直接和內部連通。然而，共產革命的擴張與美國一廂情願的想法發生正面衝突。

這股勢不可擋的毀滅力量以意識形態與自由為幌子，實際上則謀劃著對峙衝突；面對這一切，這個年輕男孩則拒絕淪為任人擺布的傀儡。他觀察並且沉思，別稱「能斷金剛」的《金剛經》指示人們發揮洞察力，以消除無知和對法的錯誤詮釋，以使釋迦牟尼佛所訓示的「中道」發揚光大。

飢荒

之後的幾年裡，印度支那之役升高到戰爭的局面，主要的犧牲者仍是老百姓。

根據法國總督尚・戴古（Jean Decoux）所公布的數字，從一九四四年十月到一九四五年五月之間，越南北部一場嚴重的飢荒導致將近一百萬人死亡。說明了導致這個災難的許多緣由都直接涉及地緣政治。位在越南北端的東京地區被日本占領；日本的敵人，尤其是美國人，轟炸道路，襲擊火車、橋梁甚至牛車，造成從南部往北部運送稻米變得艱鉅萬分。法國和日本向農民徵調糧食，以供應給他們的軍隊，此時，一片混亂的法國當局則無法妥善供應並分送糧食。從一九四四年初開始，糧食供應短缺導致了飢荒。

一九四五年一月和二月，沿海省分的一部分居民在生靈塗炭之中慌亂地動身遷移，前往被認為是收成較好的省分。大約五萬人在這場大逃難裡喪生。移民營收容慌亂的旅人，而難民營裡則聚集了大批的受難者。

一九四五年三月，日本對法國人突襲而奪得大權；在日本人的命令和越南的保大帝（Bao Daï）支持之下，成立一個徒有其表的獨立政權。當這個政府努力減輕百姓的苦難之際，日本則繼續徵用糧食。從三月十日，也就是日本掌有大權的次日開始，他們就掠奪所有的帆船和車隊運載的稻米，奪取河內以及許多主要城市的稻米存糧。越南政府並未受到實質的援助，這場飢荒於是繼續蔓延，並蹂躪北部地區。美軍的轟炸導致東京和南圻之間的通訊幾乎完全中斷，河內的人行道上盡是飢餓致死的人，斑疹傷寒和霍亂等傳染病在城市裡爆發。由於戰爭與政府的癱瘓，導致基本的民生必需品，特別是口糧食品的價格飆漲。

但是日本的占領並未持續太久，五個月後，越南的歷史將再度轉向。

印度支那戰爭

八月六日，美軍在廣島投擲原子彈，給日本致命一擊。第二天，胡志明組成了一個越南民族解放委員會，這個組織將在八月十六日批准全面起義的決議。越盟在十九日攻占河內，其勢力很快遍布全國。

保大帝被迫棄守京城順化。八月二十九日，建立了一個解放國族的臨時政府，並接著在九月二日宣告越南共和國成立，並且獨立。

第二次世界大戰告終之際，對於國際政治角力毫不知情的越南人民眼見殖民的幽靈遠去而大鬆一口氣，以為屈服於殖民法國八十年後終於重獲獨立。但情況令人難以逆料，實際上，越南未來的命運每下愈況。《雅爾塔協約》認可法國在越南領土上的勢力，越南將直接深受其害[22]。

在接下來的十年裡，印度支那半島東部將再度淪入越盟和法國人的戰爭磨難中，一直到一九五四年再度陷入「印度支那戰爭」。

這幾年是一段刻骨銘心的時期。禪師敏感地覺察為死者哭泣的老人的消瘦面容、望著被噴灑落葉劑的農田的農民目光。他察覺到一個民族的無聲吶喊，而這個民族幾個世紀以來一直在找尋出路。在星斗注視下的沉思夜晚，他的內在之眼觀照釋迦牟尼佛傳授的無限知識，他從中汲取朝向真正幸福的奧祕，並且了解這些祕密只向誠心而無私的人顯現。

這個二十幾歲的年輕人在越南的殘酷現實和從釋迦牟尼佛的教導所感知的美之間拉扯。他明白必須真正以他全部的生存去活出和平，好讓自己不至於被捲入毀滅的強大蠱惑和不久前才摧殘了歐洲的暴力循環。

在日常生活中，他也面臨到戰爭的殘酷現實。就像有一天，他看到一個突然入侵寺院的法國士兵，他用步槍威脅禪師把所貯存的米全部交出來。這個士兵很年輕，而且體態消瘦、面色蒼白。禪師不得不從命，於是低頭拿著沉重的米袋，一直走到卡車旁。他感到怒火中燒。然而，身為佛僧的他已經學會觀照憤怒。

「在後來的幾年裡，有好幾次，我都思索著這個士兵。我專注在這個事實上：他必然得離開家人和朋友，進行一場橫越世界的旅行並來到越南，在這裡，他必須面對殺害我的同胞或者被殺害的恐懼。我於是了解到：越南人不是戰爭的唯一犧牲者，法國士兵在同等的程度上也是犧牲者。」[23]

幸福的信念

在這些默想的夜晚，一個紛亂不安的年輕人發出了喊叫。這是透過智慧及禪修造就和培養出來的吶喊，而智慧和禪理是苦修的要素，這樣的苦修散發出強大的震蕩，是抵禦暴力的堅固壁壘；而武器所向無敵的表相令人深受誘惑，勾起人們的野蠻衝動並且將他們捲入狂暴的騷亂，讓他們從中獲得短暫的存在感。在戰爭展開的這段緊張期間，連最微小的舉動都會造成不可思議而驚人的強度，而人在其中受苦受難。

在這場生與死的搏鬥中，喚醒了世界以及人類的潛意識深處的模糊感覺：恐懼。戰爭喚醒了人類內在的野獸，而人只從他人的身上看到野獸，並深信應該打倒牠，由此重新討回被敵人危害的種種。人自以為在這場搏鬥裡趨於崇高，其實卻落入暴力的陷阱。有一天，士兵醒來，再也不明白自己為何而戰，這些戰爭最終都在浴血之中結束，總是以百姓和無辜的人的犧牲為代價。

佛教的智慧教導人們：暴力的外顯關係到人的內在。人是透過克制自己和自身的衝動而達到崇高。這頭野獸並不是在他人而是在自己的內在爭鬥；這是一種內在的工作，不是透過暴力來完成，而是藉助於苦修和日常的容忍。這個年輕人學習掙脫自己這股野蠻本能的控制，並透過專心致志、蠟燭火焰的閃光，以及吸氣和吐氣的節奏來駕馭。他透過加以轉化，而在最深入內心的狀態中，鍛煉出堅毅的精神。

他的道德良知使他尊重各種形式的生命，而在他無法具體減輕身邊的人的痛苦之際，這番良知則使他無法靜心。如何將智慧付諸實行，好讓人快樂地活著？

他勇於揭示宗教真言的明智。他從越南所陷入的萎靡之中，看到不適合這個國家的意識形態在這裡逐漸抬頭。聽到一個年輕女子對她的嬰兒唱共產主義的頌歌，這令他的內心糾結。他的良知教他徹底擔當他的責任。他並不區隔自己與他者的生命，他明白：所有的生命都是彼此相連的，而以為人們的生存彼此區隔則是虛妄的。這番領悟使他自發地主動接觸他人。

自由之心

這個年輕和僧人他的一些伙伴踏遍了國道中落、位於北部古老順化皇城的城區。他們藉由故事和詩歌喚起一種基於非暴力的反抗。禪師的文筆在此時已經生動而機敏。他在這個時期寫了一些隨筆，這些文章是他未來出版著作的基礎，而他也初步寫了幾首詩。

從無法付諸實行的一切理論和傳統中抽離、並對社會地位無所動心的禪師是一個自由的人。他對他人所受的苦難更為感同身受，其程度超過寺院賦予他的身分。

一九五〇年，他二十四歲。在伙伴們的支持下，他決定成立印光高等佛學院（Institut des hautes études du bouddhisme An Quang）。他很快就廣受學生歡迎，包括年輕的僧人以及凡俗人士，他們都勤勉地上他的課程。禪師對學生的想法表現出高度的興趣。人們形容他在場的模樣充滿活力，而他的課還散發一股特殊的氛圍，以至於學生之間自然地培養出友愛的風氣。

一九五四年，禪師出版了《入世佛教》（*Le Bouddhisme engagé*），並在書中標題為〈為社會服務的佛教青年四大理想〉（*Les Idéaux fondamentaux de la jeunesse bouddhiste pour le service social*）的文章裡，為一項龐大的計畫奠立基礎，計畫的目的是改善對抗殖民政體不公及後來處於戰爭時期的越南的生活環境。另一篇受到注目的文章〈合乎時代的佛教〉（*Le Bouddhisme actualisé*）進一步詳述將佛教延伸到日常生活所有面向的創新概念。

根據他文章的想法，一個佛教徒可以或者應該投入政治、經濟和公民生活，以實踐某種公平合理的社會理想，並且不惜和既有的體系對立。他的國家的政治、經濟和社會局勢亟需這樣的理想。這番理想的宗旨在於停止戰爭、提倡人權，並且基於博愛、互助去幫助自然或人為因素釀成的災難的犧牲者。

他身邊的越南同胞普遍遭受磨難，而且人民絕大多數是貧窮的農民，有鑑於此，對他而言，將釋迦牟尼佛的教誨付諸實現以改善大家的生活是如此的迫切，以至於他對所屬階級的封閉態度感到痛心疾首。

甘地幾年來在印度倡導的非暴力和平獲得全世界的迴響。這些新聞引發身在越南的禪師的高度共鳴。對於一個為了不訴諸暴力而足以犧牲自己生命的年輕佛教徒來說，印度人透過和平的手段戰勝他們的支配者，這為他打開了新的視野。這使他心懷希望，盼望越南或許也將經歷這樣的精神復興，並基於他們最崇高的民族價值，而重獲屬於他們的身分。

他透過自己的覺悟和選擇，敢於對佛教經文提出新的看法，這也招致了妒忌，而這個年輕僧侶將因此而遠離寺院。與其接受壓迫，他卻革新了宗教典籍中的義理。

芬芳棕櫚葉

禪師試圖掌握更多論據，以在他自己的疆土上反對殖民文化造成的疏離意識形態。他希望藉由現代哲學的教誨來補足他對中國大師的研究。這些新穎的想法意圖結合古老的傳統和某種歐式教育，伴隨而來的是哲學、科學和語言的傳授。這些概念也直接和他的寺院的保守階級制度相互牴觸。這些想法導致他被視為煽動者，在他的同伴之間被賦予「叛徒」的惡名，而且被指控為以質疑傳統來散播異議的根源。禪師在日記裡吐露自己的心境。

「我們全都同時為我們的國家局勢和佛教的現狀所苦。我們曾經嘗試回歸佛教的源頭，藉此回應人們的熱望，但是並未成功。」[24]

對他來說，提出關於慈悲的既具體又革新的面向比其他的一切都重要。但是，為此而必須跨出的第一步是敢走出受限的寺院圍場傳授的深刻佛教義理。最終，恰滿三十歲的禪師心如死灰地離開寺院，前景全然是一片未知。

他受到一些對國家艱難處境抱持相同體認的朋友的關切。他在日記裡記載他的內心轉折：

「我們感到迷失。我們再也無法對佛教的走向發揮影響力。這裡的階級制度是如此保守！我們只是毫無地位的年輕男孩，沒有基礎，而甚至也沒有一個屬於我們的據點，我們怎麼可能實現我們的夢想？」

儘管他的生活清貧，但是內心仍覺得非採取行動不可，他於是朝著開創僧侶新的生活方向而行。在一九五六年秋天，他請教一位名叫妙音的年長女性，向她吐露他和伙伴們需要一個隱密的駐居之所。她向他們提議到她在梅林的住處，而她將遷往順化。他們不願意讓這位摯愛的年長大姐遷居，於是選擇了遷往森林。他們把當地鄰近森林的橋和所建立的寺院命名為「梅橋」，以此表示敬意。

這個地點位於西貢市郊的一座山巔上，遺世獨立。一九五七年八月，他們以一百四十美元向幾位年老的山間居民購買一塊三十公頃的土地；在那個年代，這是一筆頗為可觀的金錢。禪師在正式的文件上簽署「一行」（Nhât Hanh）。共產黨將在幾年後基於這個署名而指控禪師。

禪師和伙伴們從此展開以團體的形式來改革心靈和生活的經驗。他們讚頌這番重新獲得的自由，並且樂在實踐一種更接近他們所嚮往的佛教。「我們的屢屢失敗在某種程度上打擊了我們的信心。我們明白必須擁有一個地點來療傷，重拾精力，我們也準備發起一些新的創舉。」[25]這個小團體把這個地點命名為「芳貝」（Phuong Boi），意思是「芬芳的棕櫚葉」[26]。

大家把時間用於建造、農耕以及手工等活動，並圍繞在釋迦牟尼佛佛壇旁進行禪修和儀式，例如表達感謝的簡短儀式。這種生活很單純，甚至可能是艱辛的，然而每個人都擁有可以任意運用的時間，在對他們來說彷彿永恆的此刻，全然沉浸在禪修之中。

這位佛僧甚至換下棕色的僧袍，改穿更適合鄉村環境新生活的服裝；他不花時間刮鬍子，理由是有這麼多其他有趣的事要做：「在芳貝，沒有規定要穿什麼服裝。我們穿戴自己喜歡的帽子和靴子，以及各式各樣的腰帶。有時侯，我看著鏡子裡的自己，發現自己就像個流浪漢。」[27]他語帶一絲嘲諷地在日記裡坦言。

從令人亂了方寸的社會雜音中抽離的禪師於是經歷了和大自然深刻合一的體驗。滿月的夜晚和周圍的森林向他吐露奧祕，雨向他傳遞了生命力。

「昨天，我再度跪在窗前，為了聆聽雨、土地、森林和風的交響樂。窗戶開著，而我沒有關上它。是啊，我就跪在那裡，側著頭，滿心敬意，然後任憑雨水打濕我的頭、脖子和僧袍。我覺得如此舒暢、如此完滿。」[28]

當大自然將其真實的能量傾注給他，這位年輕佛僧以他的整個人來接收。禪師終生都珍視地維持和宇宙的這番特有關係，這項關聯總是啟發他的思想和選擇。

「直到今天，我仍然回應宇宙的召喚，即使是以不同的方式。……想像有一個人的母親已經過世十年，而突然聽到母親呼喚他，這就是我聽到天地召喚時的感覺。」[29]

北緯十七度線

一九五四年，法國在奠邊府戰敗，簽訂《日內瓦協約》為印度支那戰爭劃下休止符。此時，越南人民再度以為奪回了自決權，但這不過只是一場戰事而已。這個國家此時分裂成兩個部分。在五年之中，人們將試圖強制以北緯十七度線為分界的南、北雙方軍隊暫時休戰，這條臨時分界線將越南劃分為北越和南越，就如韓國的情況。

著名的胡志明總統率領的越盟和越南人民軍掌有越南東北部，南方則是法國遠東遠征軍撤退之地，並在此建立起一個民族主義政府。

原本預計在兩年後於越南全國舉行一場全民投票，好讓人民決定自己的未來，但是美國總統艾森豪擔憂深具領袖魅力的北越領導人胡志明將獲得八成的選票並重新統一越南，於是駁回了這項計畫。

同時，其他的利害關係已然發生作用，越南即將在其領土上遭受兩個意識形態對立的超級強國的正面衝突，每個強國都倚恃在位的政治團體和黨派，來建立其正當性。

同時面對其他民族和自己人民的共產黨分子備受擁戴，這不只是由於他們身為解放戰爭的發動者，並領導對北方帝國主義侵略的反抗，他們還領導一個國家，越南民主共和國，目標明確地建立社會主義國家。

第五章

改變自己，以改變世界

禪師和同伴們繼續試驗集體的生活，同時和國外保持聯繫，此時，群體活動和社會主義的試驗正在國外發展起來。

在第二次世界大戰之後的東南亞，人們在佛教智慧的啟發下，紛紛積極採取行動。在一九五六到一九六六年之間，幾百萬個印度「賤民」在佛教裡安身立命，他們視佛教為一種平等的傳統與解放之路，以此反抗印度的種姓制度。在斯里蘭卡，「利益眾生」運動的志工營採行傳統佛教的義理，來改善鄉村的貧窮。

禪師在芳貝寺的幽靜氛圍中，和同伴阿滿、阿賢、阿宏、阿圖、阿雄（音譯）促膝長談，探討他們想為這種入世佛教賦予什麼意義。群體的苦難使他們心生一種普世的責任感，畢竟戰火再度在這個國家延燒。如何實行愛、慈悲、弘揚佛法或者正念，來回應世界的挑戰？他們了解支持戰爭的人總是會替自己的行為找到合理的解釋，所以他們處心積慮地營造和平的文化，其中沒有暴力的選項。

「當你愛一個人，你會為他或她擔憂，你希望他或她安然無恙地在你身邊。……因此，當釋迦牟尼佛看到生靈承受的無盡苦難，他必定為他們而憂心忡忡。他如何能在這樣的情況下，滿足於呆坐微笑？……一個很了解病人病情的醫生不會繼續坐著，不會和病人家屬一樣糾結在無數不同的說法中，困坐愁城。他知道他的病人將會康復，也因為如此，他在病人仍然生病的時候笑了。我如何傳達寬大的慈悲——大悲的真正本質？」30

禪師選擇將冥想和釋迦牟尼佛的教誨作為在現實世界實踐的核心。他當時還料想不到，幾年之後，入世佛教將變成反戰者的一個多麼重要的啟發泉源，超出越南的疆界。

在越南，政治和宗教勢力之間幾個世紀以來已經很密切的關係結出了豐碩的果實。從十一世紀到十三世紀，一些行動顯示出聯合政治和宗教勢力的適切效應[31]。例如，在一〇一〇年，多虧和越南皇族密切互動的名叫萬行的佛教師父介入，中國人放棄了進攻越南的企圖。萬行法師當時以非暴力的行為而聞名。後來，從一八九五年到一八九八年，以及在一九三〇年代，打著「僧人之戰」旗號的佛僧起而反對法國殖民政府。在這個時期，人們開始討論關於入世佛教的概念，而佛教作為「國教」的概念也逐漸抬頭。一行禪師肯定太虛的著作對其性靈之路的影響[32]，這位中國佛僧的經驗也關乎無政府主義和社會主義，其著作很早就在越南流傳[33]。今日許多被認為新穎的議題，像是全球化、技術導致的僵化或是社會不平等，都是他思考的重點。

佛教和馬克斯主義之間具有許多直接的共通點。馬克斯主義的社會價值以及更廣泛的社會主義都近似於佛教的無私。對許多東方讀者來說，閱讀卡爾．馬克斯以及社會主義與無政府主義走向的理論家的著作是決定性的：共產主義社會的計畫與釋迦牟尼佛提倡的集體模式相互呼應[34]。

釋迦牟尼佛的訓示是孕育越南文化的要素之一。對於越南出家人和百姓而言，這番訓示也意味著深刻投入社會或政治事務。然而，共產主義運動已在短短的三十年裡如此大鳴大放，儼然成為最活躍的政治勢力，發揮勢力之際，從佛教裡偵測出某種潛在的競爭。在一九六〇年代初，佛教和共產主義是透過思想的層面而交集，但在政治的層面上，共產主義勢力對佛教僧人的敵意將與日俱增。

在東方，長年以來，敢於質疑政治體系的佛教團體並不多見。僧人在涉入世事之際面臨世界的主流價值，而修道院的隱遁則保護了他們，讓他們置身事外。當代社會的錯綜複雜是難以迴避的時勢，這迫使許多佛教徒質疑自己行動的因果效應。

越南的社會、經濟和政治局勢如此動盪，這喚醒了許多佛教徒正視攸關存在的問題。用佛教的語言來說，這個局面令人必須以更高度的洞察力關照個人行動的影響，畢竟其行動將對整個世界產生效應。尤其，人們在戰爭的處境中無法保持中立，而可能被當權者視為和敵對者共謀。戰爭迫使佛教徒選擇陣營，而和平的陣營仍有待重新開創。

西方透過追求物質的或社會的解放，例如共產主義的興起，而從外界找尋自由；對東方來說，自由唯有從自我之中尋求，別無他處。東方和西方兩者的交會大有可為。從二十世紀陷入動亂的緊張局勢觀之，這些立場似乎沒有任何一者是完善的。採行共產主義學說的計畫之際，表面上似乎可圈可點，但一旦觸及人、人的負面傾向和似乎是人類固有的暴力，卻問題叢生。各種意識形態的支持者透過強制行為來解決暴力的問題，卻由此展現更為極端的暴力，而他們也毫不容許任何形式的反對，由此蘊生出某種極權主義。然而，佛教的核心就在於將同樣的這些倒退傾向轉變為正面的力量。

在一九五〇年代，這位年輕佛僧絲毫沒有料想到，透過將佛教智慧變得更易於讓越南百姓接受，他其實正著手進行更深遠的弘法。不久之後，當越南的爭端升高到世界性的規模，禪師的訊息將引發國際公眾的注意。

帶有覺知的行動

「入世佛教」這個指稱標示出禪師歷程的一個至要階段。這個運動將在後來的幾年裡愈加壯大，一直到在一九六三年至一九七五年之間，成為醞釀反越戰佛教徒的非暴力抗爭的搖籃。改變自己，繼而改變世界，這是同一項計畫的一體兩面。一行禪師的際遇體現了這種轉變，並沿著覺知、慈悲以及行動之路而開展，醞釀出一種新方式。

禪師成為最先在宗教課程之外、也在研讀科學的比丘之一，他就讀的學校是西貢大學。他和伙伴們希望向越南人提議另一種經濟和社會的方案。

在一九六〇年代初期，一行禪師在許多國家展開學習之旅，特別是在印度和菲律賓，去考察促進和刺激群體式發展的實踐。他在印度會晤了安貝卡（Ambekar）博士[35]。而當孟買聚集了五十萬個賤民，這位賤民出身的人後來則當選印度國會議員，向國會傳布釋迦牟尼佛正念的「三皈依」和「五項修習」。

菩薩的種籽

一九六一年五月的一個週六，在籠罩西貢的炎熱之中，一個年輕女子從人力車和腳踏車的紛亂車陣中開出一條路，她滿心歡喜。她留著棕色長髮，面露堅定的神色，或許是因為她履行了自己的工作。她將時間用於在大學研讀生物學，以及到西貢的貧民區。她從十三歲開始，就把年輕的精力用於減輕最弱勢的人的痛苦。她的老師之一很讚賞這個年輕女孩為了服務他人而投注的能量，於是對她說：由於她的美德，她來世將成為公主，但是她對於變成公主毫不在乎，因為在她的眼中，沒有比接濟和幫助最脆弱的人更重要的事。

在這個週末，她前往西貢的市郊接受禪師的教導，以此犒賞自己的付出。想到即將以小班制的型態親炙大師，還能接收滋養她的生命、關於佛法的豐富知識，她的內心充滿了迫不急待的喜悅。禪師的課令她折服，並使她用新的眼光來看待佛教的實踐。自從她在兩年前結識這位佛僧以來，他們一直持續往來，他的鼓勵使她益發堅強。許多其他學生受到她的良好的示範和行動所啟發，而前去幫助貧民區的居民。他們照料病人，為成人開設識字課程。對於兒童，他們則供給衣服，請他們在餐廳吃飯，並帶他們參觀動物園。

她第一次出席由禪師在西貢的舍利寺主持的一週一次的佛教講座時，就為禪師的智慧和深度五體投地。他認為佛教可以賦予這位年輕女子從事的社會工作另一個向度。他透過出版文章而指出：衷心的慈悲在妥善實施計畫上是多麼關鍵，並希望支持多項村莊發展計畫，「以顯示可以基於愛、投入以及責任感來進行改變」[36]。

一九六一年五月到九月之間，他們十三個年輕學生一起接受禪師的教導，最後並將團結在一起，猶如十三個兄弟姊妹，以無比的決心把對佛教的理解付諸行動。他們將以樸實的型態創立一所學校，而且彼此互助，由此成立一個僧伽[37]，並以「十三雪松」作為這個團體的名稱。

大家都叫這個年輕女子「芳」，而她直到一九八〇年代才叫做真空法師；禪師和她之間的關係將證明是永誌不渝的。一行禪師帶給她性靈的啟發和滋養，而她的回應則是將自己的率直和良好的組織能力用於服務他

人。他們將一起遍撒了解和慈悲的甘露，以覺知、慈悲以及實際行動為其中的要素

一切都從覺知開始，如果沒有覺知，就沒有任何事物會轉變或發生。覺知是內在的導引，讓人能夠領略生命更細緻、圓滿、完整的面向。這就是為什麼一行禪師就像之前的釋迦牟尼佛，也倡導正念的實踐，落實「五項修習」：尊重生命、慷慨佈施、家庭倫理、深切聆聽和愛的話語、有節制的飲食和消費。

隨著我們深入並實踐這「五項修習」，我們就培養出更強大的覺知，生命隨之展露光輝。禪修者深入體悟一個廣大而透徹的面向，他與他身邊的生命都將更為充盈。他不再受衝動的意念驅使，不從外界尋找美，因為在他眼中，美無時不刻地顯露出來。今天，人們對「正念」這個詞的確切翻譯莫衷一是，也有人主張「專注於當下」的說法。

我並非對世事不聞不問

「觀世音菩薩是釋迦牟尼佛的弟子之一。有一天，他正專注於深刻的了悟，突然悟出萬物都不再帶有獨立的自我。他透過看清這一點而超越了無知，也就是苦難。」[38]

入世佛教促使人們超越人我的內心隔閡。觀照自身內在的人領悟到外在世界和自己並無二致，他的性靈將超越表相的世界、世間的區隔。他的困境並非他特有的，也不屬於他，而是全世界幾百萬人都經歷相同的不幸、同樣的探問，而且他們全都有意識或無意識地尋求幸福。

透過這番理解，則將對所有的生命都深刻地感同身受，這也就是大慈悲。一行禪師在其教誨中認同殺害者或軍火販子，也認同戰爭的犧牲者。

「在你沒有意識到之下，你的行為舉止往往和你的父親很像。然而你卻認為和他互相對立。你不接受他，你討厭他。如果你不接受他，那是因為你不接受你自己。……我們認為他不是我們，但是沒有他，我們如何能存在？」[39]

理解他人是一切的關鍵。如何在沒有了解之下和解？透過試著了解他人，將促使我們蒐集關於他的生活、行動和思考的方式種種。努力了解關於他人的全貌是邁向療癒的根本要項，就是通往真正的慈悲之道。慈悲是時時刻刻進行的工作，而不是某種感覺或突然興起的情緒。

真正的改變往往隱而不顯

「一旦有了解，必然有行動。」一行禪師寫道。根據這位禪學大師，為和平而工作意味著實際去了解別人和自己，實踐深觀，重新察覺自己的呼吸，所有這一切都是每日的修養工夫。

相較於全球強國的軍武示威演習，這些行動可能顯得溫和，甚至微不足道。然而，就是在這些時刻，當身體和性靈超越慣常的習氣，而且我們逐漸放下自己的意識之際，即產生深刻而久遠的改變。真正的奇蹟往往隱而不顯。此外，思想散發能量，禱告也是，這就是為什麼培養仁善的思想和表達正面內在轉變的意圖，這些行為都能滋養這個並不顯著、但可以透過覺察而觸及的正面能量場域，只要我們聚合充分的條件，讓自己和這個場域連結。

於是，能覺察自己內在痛苦的人就能進行轉變的功課。一行禪師於是談到「真正」的改變。佛教的訓示提出讓人履行這些功課的實踐方法，而禪師扮演的角色即是將之傳布給最廣大的群眾。

最後，禪修者明白其內在世界和周遭的世界並無分別。一行禪師由此揭示了生存的奧祕之一，也就是內在轉變將散布到外在環境中。第十四世達賴喇嘛丹增．嘉措肯定地指出：一行禪師昭告世人如何善用正念與禪修的益處，來轉化與療癒痛苦的精神狀態；他向人們展現存在於個人內在的和平和地球的和平之間的關聯。

禪師在世界以傳道者身分度過的這幾個稍縱即逝的年頭，越南政局每下愈況。吳廷琰的南越政府受到美國金援和軍武支持。歷任美國總統艾森豪、甘迺迪和之後的詹森擔憂共產主義在亞洲大陸，尤其是寮國和柬埔寨等鄰國的擴散[40]。

吳廷琰在美國支持下，展開一波反共產黨的運動。疑似具有共產主義色彩的活動將受到監禁甚至死刑的懲罰。但是他的政府如此不得民心，以至於部分南越人士選擇支持共產主義，繼而在一九五六年於南越展開一波游擊戰運動，稱為「民族解放陣線」。由胡志明帶領的這波運動通稱為「越共」，他們透過武力政治宣傳挑起戰鬥。這番目標明確的軍武暴力起初是針對政治人物，後來則朝向重新統一兩個政體的目標而壯大。

一行禪師所寫的關於當局政策的文章和評論絲毫不見容於這些當權者，而禪師和他的同伴們好一陣子以來也持續受到當權者監視。西貢的氣氛愈來愈詭異，恐懼四處瀰漫。他們不得已撤出芳貝，並在不久之後各分西東。沉浸在單純的快樂和禱告中的至福歲月似乎就此告終。一九六一年九月，一行禪師接受美國普林斯頓大學聘請，擔任比較宗教學研究員。

第六章

宜人的插曲：在美國的兩個春天

紐澤西州，普林斯頓。在西方，這裡屬於自成一格的和平園地，其中似乎盡是寧靜和善意。大學校園讓人在重新投入世事之前，暫時放鬆心神幾年。

一行禪師在一九六一到一九六三年之間駐居美國，這段時期讓他獲益匪淺。起初，他在普林斯頓大學念書，後來則被指派在哥倫比亞大學任教。他也在這段期間不時造訪紐約，並在這些行程中，在市內唯一的越南餐廳品嘗家鄉口味的佳餚。他也藉著這次旅居的機會，精進有待加強的英文。

位於大西洋沿岸的紐澤西州和紐約相距幾百公里，一行禪師在這裡領會靜思的喜悅。大自然讓他浸淫在沉思和恩典之中。他在札記裡詳細敘述沁人心脾的陽光照耀澄澈藍天的這些日子[41]，而這就足以充分地滋養他：

「我身上帶了幾本書，但是連讀一本書的時間都抽不出來。當森林如此寧靜，湖泊如此湛藍，鳥的歌聲如此清晰可聞，我怎麼還能夠閱讀呢？」[42]

穿過森林之際，大自然令他欣喜，他感到自己和他的「真我」重新連結在一起。自然之美是啟發的泉源，但是必須張大眼睛去觀看和欣賞。這位越南沉思者的目光細察光的每個細節，察覺景色裡的所有色調變化，而他的心由此充滿了喜悅：

「河濱公園此時一定很美。秋天的普林斯頓總是令人讚嘆。我習慣在其中一條狹窄的小徑散步，兩旁是青翠的草地。在一年的這個時節，空氣如此新鮮而令人振奮！微風輕輕一吹，葉子就從樹上掉落，然後輕拂你的

> 肩膀。一些葉子是金黃色的，其他的則是紅的，就像口紅的顏色。顏色千變萬化，不可思議。飄落的葉子看起來如此悅目。」[43]

對禪師而言，大自然是極致的，依循自然的節奏而生活，帶給他無盡的喜樂。

當然，他很思念祖國越南。而接觸北美洲的大自然，使他想起自己曾經居住的一些地方。

越南近幾年來飽受慘痛的戰端所苦。一行禪師不得不和比他高階的僧人對立，而這個國家此時是如此地四分五裂，和解的指望愈加渺茫。許多僧人都遭到政治當權者的監視。最磨人的或許是那無盡的內在質問，追問著他的行動的意義和合理性。

從許多層面來說，這兩年都將使他獲益良多。在精神層面上，人在異國的孤獨讓他經歷難以達致的奧妙，讓他對自我產生深刻的體悟，並領會到從中擴展的事物，例如：真正的勇氣。

一行禪師身邊的人對他敬重和關懷有加，儘管如此，從人的角度而言，他仍然獨自待在位於紐約和普林斯頓的房間；而他是這麼喜歡和他的僧侶兄弟同在，並和他們徹夜暢談。如今在這裡，在高大的建築物之間，他的棕色僧袍和不動聲色的面容如果不令人心生疑慮，則令人印象深刻。此外，他終究還是越南人，在紐澤西州和紐約州的任何地方，都沒有人說他的語言。有時候，他沉入夢想之中，彷彿聽到用他的母語唱的曲調。和他人自發的接觸雖然實際上減低了，但這種孤立則引領他探索重大的心靈經驗，代價是必須忍受難熬的時刻。在一片寂靜之中，他培養出對自己更專注的傾聽，既深刻又強烈。

第七章
世界需要真英雄

「現在，正當我在一座冰冷而節奏快速的城市深處書寫，我感到內心重新升起兒時的願望，現在的世界和我們小時候並沒有差別，這個世界仍在耐心等候真正的英雄出現。」[44]

在禪師的發展進程中，英雄的典型逐漸向他顯現。童年時代特有的虛構英雄典範被有血有肉的人的處境取而代之，此人忍受著由光和黑暗構成的現實之痛處。一個與苦難和憤怒正面相對的人，敢於透過將負面的事物轉化成正面而進行內在的療癒，這便是真英雄的精髓。

於是，禪師在一九六二年的最後幾個月裡，經歷了刻骨銘心的孤獨經驗，而對某些人來說，這類似於精神的試煉。一行禪師很喜歡普林斯頓的大型圖書館，因為他可以從中找到很古老的佛教著作。十月一日晚上，禪師在圖書館做研究，他到一座書櫃前面去找一本書，他翻開這本書，看出雖然是在一八九二年出版的，但是直到今天，他只不過是第三個借閱這本書的人。他於是意識到事物和他的人本身終將消亡而且脆弱的本質。這個真理以單純的方式向他揭顯。

「我發覺自己毫無理想、希望、見解和信念。我沒有任何要對他人信守的承諾。在這同一時刻，作為在多重身分之間的實體的自我之意識已然消失。……如果你打我，朝我丟石頭或者甚至槍殺我，被視為是『我』的一切都將潰散。然後，真正存在的東西將兀自展現，像煙一般精微，像空一般難以掌握，但卻不是煙或者空，醜但也不醜，美但也不美。」[45]

出神之夜

後來，在十一月二日晚上，一行禪師閱讀德國哲學家和神學家迪特里希・潘霍華（Dietrich Bonhoeffer）臨終前的實錄，感到心蕩神馳。在興登堡元帥於一九三三年一月三十日將權力讓予希特勒之後，潘霍華眼見猶太人遭受迫害，而成為在德國率先了解到以信仰反對納粹德國的關鍵性的抗議神學家。他被納粹黨人逮捕，並在一九四五年四月九日和其他謀反者遭受絞刑。他留下的一份實錄在法國出版，書名是《抵抗與屈從》（*Résistance et Soumission*）。

這個勇敢德國人的實錄引領這位年輕僧人攀上喜樂與愛的巔峰，而後者當時的年齡和潘霍華過世時的年紀相仿。

「我內心湧起一股喜悅和篤定，認為我將能忍受即使是如此艱巨的磨難，超過我原本以為的程度。潘霍華是使我的杯中物滿溢出來的那一滴，一長串鏈條的最後一環，使成熟的果子掉落的那陣微風。在這一夜的經驗之後，我永遠不再對生命有所怨言。我的內在升起了勇氣和力量，並看到我的精神和心猶如花朵。」[46]

經歷了這番經驗，禪師思索和平與慈悲的偉大生命——菩薩。如果一個菩薩的仁慈擴及到所有的生命，那麼他就會慷慨地佈施最豐富的精神寶藏。有什麼比能量、力量、信心和鼓勵更珍貴？於是，一些菩薩被形容成「永不毀謗」或是「支持世界」。

同一年，一九六二年十二月二十三日，禪師獨自待在紐約的公寓，這是他和研讀東方語言的室友史帝夫（Steve）合租的，兩人之間並培養出友好的關係。這個晚上為一場風暴揭開序幕，而這場風暴將持續好幾天。禪師推翻種種形式的僵化、框架限制、心靈的閉塞，好讓他的深層生命勝出，掙脫社會的影響。自我的這番需求致使他拋棄其餘的一切：他的朋友、安逸、輿論、道德規範和他的觀念。

「我體驗一波波的毀滅，而且熱切地亟欲和我所愛的人們同在，但我同時也明白，如果他們當時在場，那麼我將必須趕走或者躲避他們。」[47]

唯一重要的是他的深層生命的勝利：

「最重要的問題是明白作為人的我是誰……我應該做自己。我不能再次把自己關進剛剛打破的殼中，而對我來說，關在殼中造成了我無盡的孤獨。」[48]

這股趨向解放的衝動攸關存活。他的整個人一心想尋求真理，而清醒的他很明白自己無法遏抑這股熱切的衝動，否則他將遭到社會的壓制。這股想斷絕一切形式的退讓、無法壓抑的需求促使他產生一股毀滅的慾望。他就他的伙伴們寫道：

「他們是否甚至會以友情之名迫使我返回世間，並重新投入昔日的希望、欲求和老舊價值的虛妄層面？……這是為何我想要燒掉朋友們住的老舊小屋。我想掀起混亂，好激發他們打破那些封閉的保護層。我想粉碎羈絆他們的鎖鏈，並推翻那些囚禁他們的神。」[49]

彷彿是呼應這位勇敢佛僧的孤獨體驗，幾年之後，相對於社會的秩序和某種道德規範，數以千計的美國人也將追索某種更自由的生存，並苦苦探求生命的真義。

同樣的，如果做自己代表必須棄絕其餘的一切，那麼為了探求真理，禪師將必須承受嚴格的試煉，而這終將向他揭示勇氣的真諦：

「一旦我們領悟到真理，就無法繼續像一顆古老石頭一樣任憑青苔覆蓋，我們再也無法不真實地存在。」[50]

對禪師來說，這番體悟其痛苦程度有增無減，而且將使他啞口無言；他稱之為「抗爭」。這些體悟或許預示了他後來在全世界傳播和平訊息時的毅力和魅力之基礎。不論如何，從中都可以預見他不尋常的未來道路，亦即英雄之路。

「是的，我想過自己曾和那頭猛獸四目相對，而且還看到牠的真實樣貌。我就像一個大病初癒而且曾和死神面對面的人。我穿衣服、出門，然後漫無目的地沿著百老匯走，在無盡的黑暗之後，渴望著早晨的陽光。這場暴風雨的風終於消散。」[51]

禪師看到曙光初現。

各派宗教猶如姊妹

禪師成為大學南亞研究系的傑出研究員，而且深受學生好評。一九六一年，他在普林斯頓大學提陳一份正式報告，探討他對基督教、猶太教以及伊斯蘭教的觀點。他在其中強調這些各異的宗教流派其基本要素多麼近似。他也闡明：學著了解其他宗教將多麼有助於更明白自己的宗教走向和從中延伸的實踐。以同樣的方式，他更加了解到作為因果現實世界之基礎的深刻合一。他將實際而具體的佛教訓誨當做某種連結，這引領他趨於寬大為懷並且拒斥歧視。

禪師的性靈經驗使他領略天堂的意義。他在札記裡分享了被基督的一項訓示啟發的洞見：「如果你不變成小孩，你如何能上天堂？」[52]

儘管置身於殖民的背景中，禪師仍能肯定基督教的訊息，這是難能可貴的，並顯示出他不受歷史和個人經歷牽絆的自由精神。的確，一行禪師能區分基督的訊息和羅馬教廷的機構是不同的。而實際上，許多越南人則認為教會和傳道士直接關係到法國的壓迫者。

一九六三年，禪師在哥倫比亞大學教導比較宗教學。他對各大宗教流派的學識和身為禪學大師的魅力備受讚賞，也使他的聲譽日隆。然而，一股自我質疑揮之不去。他並不能游刃有餘地應答人們提出的終極真理的問題。他實際上很清楚自己的答案仍然太學究，而無法導向實際的救助之舉。

他認為佛道一如其他宗教，都應該徹底經驗。因此，他說：「每一刻，釋迦牟尼和耶穌都應該在我們的內在相會。」[53]

一行禪師和他的學生頻繁聯繫。獻身社會服務的年輕女子高玉芳，當時人在巴黎。她完成了關於淡水藻的博士論文，不久後就到紐約和禪師會面。禪師在和她的互動中說明：除非是在抱持正念之下行動，否則仍不可能透過幫助有需要的人而受到啟迪。他並向她揭示：佛教是絕佳的機會，讓人以正面的方式貢獻社會；他並且答應將支持她的義行。他想聯合想法相同的人，然後建立村落，同時創辦教育、農耕和保健的中心。

鎮定端坐於火焰之中

很快地，禪修、理論及教學再也不足以充實禪師的生命。他一心想幫助、傾聽、撫慰他人，這股熱情變得無可遏抑。從越南傳來令人憂心的消息。禪師在幾千公里以外經過幾年飄搖不定的暫歇之後，北越和南越掀起一場自相殘殺的爭鬥。多虧他和昔日的學生與同伴頻繁往來，他仍清楚掌握祖國的動向，並和國內保持聯繫。

「我們的祖國即將遭遇一場毀滅性的風暴。壓迫的政權倚仗其勢力來滿足其貪婪的欲求，這已經導致太多的不公不義。民怨持續加深，激起愈來愈多男男女女投入南越民族解放陣線。每一天，不公、壓制和腐敗使對立趨於白熱化。是政府每天在引發這個火爆的局面。」[54]

吳廷琰的南越政權為迫使人民皈依天主教而實行宗教迫害，整個局勢於是益發激烈而危急。當局禁止民眾揚起佛教旗幟和慶祝一年中最普遍的民間節慶之一，衛塞節，亦即釋迦牟尼佛的誕辰，示威遊行於是勢不可擋。政府毫不遲疑地回應，以坦克車攻擊抗議者，少年和少女遭到殺害，而疑似聚眾或煽動者則遭到拘捕和凌虐。僧侶紛紛提出宗教自由的呼籲；西貢和順化的大學教師請辭以示抗議；一百二十個學生展開絕食抗議，還有幾千名學生在寺廟聚集。許多比丘和比丘尼自焚，但政府當局仍下令在示威遊行中繼續朝群眾射擊。儘管如此，示威活動依然風起雲湧。

一九六三年六月十一日，為了對政府暴行和無情的鎮壓表示抗議，在南部西貢的年老佛僧釋廣德採取了強力而駭人的行動。他在身上灑滿汽油，點火自焚。他端坐在蓮花座上，身軀在路人面前逐漸燒盡。騎著輕便摩托車在城裡來來去去的年輕高玉芳目睹了這個場面：「我看到他，鎮定而無畏地坐著，在火焰之中。他散發著一片祥和，而當時圍繞在他身旁的我們則有幾個人哭泣著，而且悲慟不已。」[55]此時，她內心湧起一股深刻的誓願，亟欲「以釋廣德這般崇高而平靜的方式，為尊重人權做些什麼」[56]。這場自焚在國內激起了一波震撼。這個畫面傳遍全世界。

至於一行禪師，他則決定在曼哈頓的卡內基廳召開記者會，並宣布決定展開五天的禁食，伴隨慈悲的深刻默想和禱告，俾使自由最終勝過暴政。美國佛教學會同意保護他的宗教行動。他忠誠的朋友史帝夫每天探望他兩次，給他一點清涼的水作為支持，並且防止記者和閒雜人等接近。

在政治層面上，禪師這幾個月以來引發了聯合國大會的多位亞洲代表，特別是泰國大使，警覺到在南越橫行肆虐的極權政體，要求把越南的問題列入大會議程。

一九六三年十月，聯合國組織緊急派委員會調查警察的暴行。又一個比丘在西貢大教堂前面自焚之後，獨裁者吳廷琰終於在十一月二日被手下的軍官殺害。

越南統一佛教會的領導人之一，智廣，打電話給禪師，懇求他返回越南，這是出乎意料的。住在順化的年老和尚智廣所屬的佛教階級反對禪師促進佛教復興的努力。如今，他則希望禪師和他們聯合，一同為終結戰爭而抗爭。禪師於是決定結束在美國的駐留。他途經巴黎，去探訪一些佛門伙伴，然後返回中南半島，試圖促成和解的可能。

在這些孤獨的體悟之後，將踏上越南土地的，是一個全新的人。

第二篇

越戰中的和平呼聲

第一章
火海之蓮

一九六三年十二月十八日，載著一行禪師的飛機安穩降落在西貢新山一個國際機場的跑道上。在此之前的三年裡，越南儼然成為整個冷戰結構的神經痛點。而此後的數個月間，狹長的中南半島也將成為全世界的目光焦點。

在一九六〇至一九六三年間，美國不斷加強對南越政權的援助。甘迺迪總統就像他之前的幾任總統一樣，無法區分越南民族主義與共產主義的差別；對他來說，把勝利拱手讓給胡志明就等同於容受其最主要的敵人蘇聯的進犯，而不是接受一個分裂國家合法而正當的統一。尤其美軍勢力已經進駐南越六年了，他們必須證明自己在前任政府無法掌握大局之處占得上風。

越南農民在兩個敵對陣營的對立之下深受其害。舉國陷入一片混亂。許多越南人就認為美國的介入事實上只激化了對立：因為如果不是美軍援助的話，南越政權可能早已潰不成軍了。對美國人來說，棘手的情狀則是敵人混入了越南的茫茫人海之中。美軍的顧問無法區分越共與越南農民的差異，因此只得對每個人都深懷戒心。

對越南人民來說，戰爭已經持續十年了，這還得再加上之前又將近十年的對法獨立戰爭。一九六四年，在越南人的眼中，戰爭似乎已變得永無終日。然而，這不過只是他們迎向又一波新的苦難的開始而已。

在美國的大眾輿論方面，在一九六四年隨著下一批所派遣的地面部隊而啟動的只是戰爭的一個開端。一九六四年的春天，一半以上的美國人都沒有聽過越南的名字；至於大眾傳媒，他們則仍以一種混雜著愛國主義的熱情來看待這發生在遠方的戰端。

在當時，美國的遠征地面部隊呈現出一個奇異又矛盾的光景。他們在本質上是帝國主義的，卻在表面上披著良心的外衣。在進行建造、運輸軍用物資並自詡將越南人民從共產黨手中解放的同時，這些公眾的善人卻發現自己正介入一個國家的分裂之中。他們在磨人的酷熱之下犧牲了自己的健康，甚至在越共的攻擊下葬送了生命，而這些都只是為了那些事實上並不想要他們介入的越南人民。

在一九六四年八月，美國抓緊北越哨艇在東京灣攻擊其驅逐艦的機會，這是一個美軍等待已久、足以出兵北越的藉口[57]。一九六四年八月七日，美國眾議會通過《東京灣決議案》，並授權詹森總統在東南亞採取一切必要手段。東京灣事件事實上是一次挑釁，甚至可以說是一個設計好的圈套，其敵對的陣營北越，則把這項決議案視為宣戰。甘迺迪派出超過一萬六千名「軍事顧問」來領導南越軍隊對抗南越民族解放陣線，或稱「越共」。幾個月後，美軍則在一九六五年展開了「滾雷行動」。

結果，中國與蘇聯都同樣派出軍事顧問，加入了越南這場角力，世界強權之間的衝突儼然浮上檯面。

傾聽苦難

一結束在美國生活的兩年，那是一段在和平的環境與善意的關注下工作、研讀與教學的歲月，禪師便迫不及待地重新融入其故鄉特有的氛圍、顏色、氣味與節奏之中。但很快地，這些最初的印象便消散了。

一行禪師見證了他的國家逐漸落入極端的過程。在體驗過現代化的美國生活後，他立刻理解到一九六〇年代越南發展的落後。除了幾棟矗立在西貢的新建樓房之外，他舉目所見的一切皆是貧窮與匱乏，這裡遇見幾個缺牙、衣衫襤褸的老人，那裡路過幾個偷偷摸摸的流動攤商艱苦地拾荒維生，或在垃圾堆遊戲的孩童。但帶給他最深刻印象的，還是看到為逃離鄉村與戰爭而湧進骯髒城市中心的難民潮，他們無法滿足自己最基本生活需求，且毫不掩飾地揭露了一個瀕臨崩潰國家的災難性處境。

面對這般情景，禪師的純淨心靈會升起什麼樣的念頭？

「一群又一群的難民離開了他們的家園，以躲避戰爭的災禍。面對這樣的景象，我感到憂慮，並理解到越南已經邁入了歷史性災難的一章。我與我的同伴們是否可以做些什麼，來幫助人們步上新的道路呢？」[58]

一行禪師所提出的問題是如何伸出援手。農民們如何能脫離苦難？釋迦牟尼佛的教誨如何能為此做出貢獻？有什麼應該實踐的義行？這些是禪師在每日的漫步沉思中全神貫注的幾個叩問。

無常的法則

禪師在回國後的幾個星期裡，一直不斷地回想起芳貝寺。

於是，一行禪師在一九六四年一月二十七日帶上一個後背包，搭乘巴士離開城市，前往承載了其快樂年歲之回憶的所在。巴士的駕駛在一九〇號公路放他下車。禪師在走過一小段熟悉的舊路之後，便被迷宮般巨大的植被所吞噬。從前，他與伙伴連續幾個月在此踏出的小路痕跡絲毫都沒有留下，一切都被植物所吞噬了。終於，他抵達了梅橋，橋上的許多木板都已經破裂。禪師抵達「靜思喜樂屋」後，卻意外發現那座茅屋竟然受到妥善維護。「一定是有人在照料著它。」他心想。就在此時，他的朋友阮雄（Nguyen Hung）出現在茅屋前。阮雄在得知禪師將回到西貢之後，就特別先來到芳貝寺修繕與清理，這是他們兩人都如此珍視的地方，阮雄希望能減低看到破敗茅屋所引發的震驚。

一行禪師從阮雄的口中得知，在梅橋附近，許多人慘遭殺害。戰爭與死亡並沒有放過這片被這些新時代的年輕佛教徒譽為「靈魂故鄉」的山林。

幾天後，禪師在他的朋友們陪伴下，決定再度回到芳貝寺。然而這次單純的走訪，卻使他們落入被政府軍逮捕的下場，雖然他們最後在幾個小時後被釋放，但禪師一行人從此再也不會涉足芳貝寺了。自此，一個時代完結了，再也沒有任何人能躲避戰爭陰影的籠罩。

「群山與河流也默默承受著一天比一天更殘酷的戰爭之苦。沒有一個物種是不冀求和平的。這場戰爭斲傷了大地與萬物的諸心。在我們心中，芳貝寺的形象業已變成一道傷口。」[59]

禪師謙遜且專注地徹夜傾聽他的朋友們描述農民在交戰雙方操弄之下的悲慘命運。他們也論及佛教僧侶其高傲、冷眼旁觀、被其地位之高所蒙蔽的態度，這讓佛教本身也搖搖欲墜。事實上，佛教的顯要人士會接到知識分子與學生的邀請，因為他們理解到佛學義理足以鼓舞並且團結眾生。但在這些大人物其形式上的回覆背後，往往不過是一段漫長的沉默。

在一九六三年六月由僧人帶領的起義之後，其中不乏一行禪師熟識的朋友，佛教再度獲得民眾的支持。然而，這些僧人並未準備好擔任領導者，並引領人民直接邁向解放之路[60]。實際上，他們根本絲毫沒有那樣的準備。佛教基於冥想、閱讀經典與吟誦真言的訓練雖然足以啟發人心，但在這個國家的緊急局勢中，仍然勢所難免地必須建立一個權威機構。

一行禪師認為，佛教的價值以一種正面而和平的方式促進了越南的去殖民與復興的準備，就如同甘地在印度以非暴力的抗爭達到類似的成果。

禪師於是向越南佛教的官方機構「統一佛教會」建議，由以下三點構成的計畫：

一、統一會應該公開呼籲終止越南的戰事。

二、統一會應該協助設立一間佛學研究與實踐的學院，以培育追隨釋迦牟尼佛所教誨的包容與開放之道的國家領導人。這對國家整體不啻是一大援助。

三、統一會應該推展培育社會工作者的機構，使其足以推行釋迦牟尼佛的教誨所啟示的非暴力社會改革。

統一會的前輩們稱呼禪師為「烏托邦詩人」，他們認為禪師的提議太過魯莽而不切實際。他們看不到眼前情勢的嚴重性，而只願意參與佛教學院的創立，至於其他幾點建議，他們則以經濟資源短缺為由而推辭。禪師回應他們：「釋迦牟尼佛教導我們成為自身發光的燦爛火炬，我們可以不用來自斯里蘭卡、泰國、緬甸、共產黨或非共產黨的金援，我們只需要成為自身發光的火炬就夠了。」[61]並不是所有人都擁有和禪師一樣的眼界與光輝。再一次地，他失去了重要的官方支持。還有誰擁有足夠的勇氣與精力跟隨他呢？

槍林彈雨下的正念

美國媒體將這群志工稱為「小和平軍」（Little Peace Corps），意指「為和平努力的志工團隊」。從一九六四年春天開始，一群又一群的志願工作者來回穿梭在越南的四十二個省分，前去幫助在轟炸之下命懸一線的人們。這些志工大多是年輕人或學生，他們跟隨著青年社會服務學校的指引而行動。

青年社會服務學校是在一行禪師與一些伙伴力促之下創立的，他們接觸了許多有心維護越南和平的人，試圖將他們團結在一起。這所學校隸屬於萬行佛教大學，以作為「入世佛教」的具體例證自許：他們是一群真正深入社會底層的「英雄」，不但在經濟上替越南的鄉村注入新生，同時也創設一些簡單的計畫來對抗貧窮、疾病與蒙昧，這些行動全都屬於朝向「本真」的宗教價值的回歸。在萬不得已的情況下，這些志工也都準備好「不抱怨恨地奉獻生命」。禪師以其文字鼓勵這些志工：

「我們的敵人是我們的憤怒、仇恨、貪欲、臆想與對他人的歧視。如果你在暴力之下喪命，請思考慈悲的意義，以原諒殺害你的人。當你實現這樣的慈悲心而死，你便真正成為釋迦牟尼佛之子了。」[62]

一行禪師明白，要在社會的各個層面獲得實質進步，除了透過上述努力之外，還必須投入解決和健康以及教育相關的問題。於此同時，美國則在越南各地設立了「戰略村落」。根據官方說法，這是為了援助越南人民，但實際上只是為了將他們聚集在防守更嚴密而且更易於控管的集中點上。當越軍滲透到民眾之中，特別是在鄉村，美國大兵們事實上對這場面目難辨的游擊戰束手無策。親美的南越政權因此決定將農民隔離在由鐵絲網圍起的防禦工事裡，將他們當作抵抗共產政治宣傳的壁壘[63]。

驚愕的一行禪師在日記裡如此記載：

「美軍把原本的村落燒毀直至焦土，以摧毀可能藏匿其中的軍隊，並斬斷人民與解放陣線之間所有可能的連結。村莊的居民無比驚恐地目睹自己的祖宅灰飛煙滅，並提出抗議。每一間這樣的房屋裡都存放了無可取代的物件：香缽、牌位、遺囑、家書……金錢怎麼可能取代所有這些東西呢？人們步履蹣跚地前往新的住處，被迫服從政府官員的命令，並如此地展開他們的『新生活』。他們感到被剝奪而且屈辱。」[64]

在越南各地，戰爭除了使全國四分五裂並造成永無止盡的不安之外，也摧毀了農田及原本就處境堪憂的農民的維生工具。長久的動盪使南越愈加依賴美援，然這也僅使其免於徹底垮台的命運而已。對越南而言，找到重建有效且長遠的經濟方法，於是成為當務之急。

禪師將其關於入世佛教的書寫付諸行動的時機到了。他相信自己透過書寫和單純地親自在現場所啟發的慈悲心和慈愛同胞的力量，將足以達成重建社會的目標：

> 「為了帶來改變，我們必須動用我們宗教傳統裡的一切資源。佛教也許能在這個任務上有所貢獻，但我們不應該等待上層的成員採取行動。改

變使他們不安，而他們也否定了我們為創立入世佛教所做的一切努力。」65

禪師與他的朋友們比軍人們更實際、也更貼近人民，他們投身「實驗村落」的創設，以實際方式重新培養農民發展自己村落的信心與勇氣。因為，顯然地，不論是在平原或山區，越南事實上不乏豐富的自然資源，而唯有透過進一步發展農業資源或維持穩定的經濟而自力更生，越南才能重獲獨立與主權地位。

一九六四年六月，高玉芳完成論文口試，獲得「優等成績」而從巴黎返國，便開始直接協助一行禪師的事務。受到禪師懿行的啟發，她決定回國服務，而放棄了巴黎自然史博物館的研究員職位。她希望將自己全部精力都奉獻給青年社會服務學校。

在同一年，除了戰爭所帶來的破壞，越南中部同時受到毀滅性的洪水侵襲，造成數千人無家可歸。遺憾的是，其中受到最嚴重影響的是胡志明小徑附近的居民，而大半的戰事也都發生在這條路的周邊。

在社會服務學校志工的陪伴下，禪師與高玉芳不顧炮擊的危險，前往協助這些被遺棄的人民。他們乘著載滿物資的船，沿著秋盆河航行。禪師的出現確保了交戰雙方一定程度的重視與安定，他並且囑咐他們收斂其言行舉止。

隨著他們沿河進入越南的深處，映入眼簾盡是滿目瘡痍。他們望見受創而且孤苦無依的窮人。「到處瀰漫著死屍的氣味，空氣中充斥著瘟疫般的惡臭。隨著我們更加深入偏遠的山區，國族主義者與共產軍隊間的衝突也愈加激烈。」[66]當時年僅二十六歲的高玉芳寫道。志工替難民們帶來食物與最基本的生活物資。

禪師心亂如麻。他握著倖存者的手，一而再、再而三地聆聽他們述說自身的苦痛。當敵對的雙方就在不到數公里外繼續著殘酷、永無止盡的戰事，禪師發自心底深處對這些被無情放任、自生自滅的無辜人民的證言感同身受。

離去的時刻即將屆臨時，一幕景象將永遠烙印在年輕的高玉芳的記憶中：「在我們要離開當地時，許多年輕的母親央求我們將她們的嬰兒一起帶走，因為她們怕自己的孩子將無法存活到我們下一次的救援任務。我們只能哭泣，因為我們無法帶走他們。直到今天，這幕景象我都還歷歷在目。」[67]為了替所有在戰爭與洪水中喪生的人祈禱，一行禪師用刀子將自己的左手食指劃開，並讓血從傷口汩汩流入河中。

一行禪師的散文作品忠實呈現了劇烈搖撼著越南土地的所有苦難。從這趟旅程回來後，他寫下《經驗》這首詩。禪師在其中陳述傷痛時，不帶一絲忿恨，相反地充滿溫柔的口吻，對於懷有這種溫柔的人來說，全然接受所發生的一切即展現了真正的慈悲。透過這首詩，他讓受難者重拾尊嚴，試著勾勒出一種可能的救贖。

「注意到——穿越空間裡的回聲——
嬰孩的哭叫
這一夜，我來到這裡。」

在一個以愛好詩詞為特徵的國家，這首詩鼓舞了無數的越南年輕人投身於青年社會學院的服務行列。

一九六四年二月，一行禪師和伙伴們於是決定設立一所青年大學——萬行佛教大學。這是一所重視實踐更甚於理論、並以美國學院為模範的大學。萬行大學雖然是在不穩定的條件下創立的，但是仍然依循革新佛教的理念。除了宗教課程之外，也提供工程、政治學、經濟學等課程。一行禪師每週也在校講學數次。

「萬行是一間與眾不同的大學，毫無一般用來區別一所高等文化學院的那些特徵。下雨時，學生們必須涉過水塘，才能到達教室，並從什麼都賣（從魚乾到地瓜）的擁擠市場攤販中找出一條路。」[68]禪師在他的日記裡如此描述。幾個月後，禪師向他的一位長年的同修明珠法師提議擔任萬行的校長。另外兩位與一行禪師親近的僧人，天恩法師與滿覺法師也加入學校的領導團隊。

為了慰藉而書寫

同樣在一九六四年，貝葉出版社成立了，成為越南最負盛名的出版社之一，並出版禪師最早的幾部小說以及詩集。

禪師的詩徹底傳達了和平的抵抗運動。同一年間，禪師著手將至今分散各地的反抗團體及其他致力於革新的運動集合在越南統一佛教會之中，該教會的宗旨是「結合佛教的宗教養成與現代的訓練」，並統合越南兼具的兩大佛教傳統：小乘佛教與大乘佛教。禪師在由他擔任總編輯的教會官方刊物裡，刊出了許多呼籲南、北越和解的文章。他的文字在希望加入青年社會服務學校的無數年輕人心中引發共鳴。此後，禪師的文學作品將成為傳播其教誨的一大助力。

禪師知道自焚事件多麼深刻地震撼了當時的西方與基督教信仰。他也明白這種缺乏理解的情況可能使越南在西方世界的眼中陷於不利的處境。在一九六五年四月，當又一位僧侶自焚之後，禪師決定寫信給小馬丁·路德·金恩，他覺得自己和金恩的心靈契合。他試圖向金恩博士解釋，自焚的舉動不僅並非由於走投無路，反而是出自愛：

「透過自焚，越南僧侶以全副決心與力量顯示自己已經準備好承受最艱苦的折磨，來保護自己的同胞。……根據佛教的信仰，不能將生命概括成六十、八十或一百年的生存：生命是永恆的。生命並不局限於身體：它是普世的。焚燒自己於是並不是一項毀滅性的舉動，而是創造性的：他要為自己的人民受苦，要代替他們死去。自焚並不是自殺。自殺是一項自我毀滅的行動，原因是缺乏直接面對生命和一無所有所必然帶來的難題和考驗的勇氣，或者是不肯活下去。……我打從心底相信這些自焚的僧人從來不曾企求壓制者的死，而只單純希望他們能改變政策。……我也全心相信您在阿拉巴馬州伯明罕所發起的自由平等抗爭不是針對白人，而是針對不包容，針對怨恨，針對歧視。」

火海燎原

越南即將承受一場燎原的大火。儘管設置了戰略村落，屬於南越政體和美國結盟並由阮高祺帶領的軍隊仍始終無法在游擊戰中獲勝。在柬埔寨附近的邊境地帶，越共的游擊隊展開一場地下的抵抗：他們挖掘了一條精密而複雜的廊道網絡，連結起一個個同樣在地下、並受地上第二層防禦網絡掩護的村落與基地。他們並在背負沉重裝備的美軍難以適應的叢林裡，挖掘深處插滿刀子、再覆上青草的機關。這是令美軍聞風喪膽的陷阱。地下穴道的可怕無庸置疑，甚至把這個戰術提升到心理游擊戰的特殊領域，這種戰略的效果之一是挫敗敵人的士氣，使其氣餒到無法繼續打仗，並使單純的士兵們心生畏懼。

但是美軍仍然持續猛烈的攻勢，提供給南越的軍事援助也日益增加，新一波風雨欲來的暴力似乎蓄勢待發。

在五角大廈的命令之下，美軍工兵使用新式的空投炸彈，於是大片燎原的烈火與燒夷彈便朝被懷疑是地下巢穴的地帶傾瀉而下。使用燒夷彈，是這場美國所打過最長的戰爭的悲劇性象徵[69]。B型固態汽油是一種汽油合成物，其成分可以將燃燒維持在精準的溫度上，又因為其膠狀的質地有利黏附於肌膚之上，能夠不斷燃燒組織直達骨頭，而且沒有任何方式能終止燃燒。試圖以水冷卻患部的嘗試也是徒勞的。除了其致命的威力外，燒夷彈也以在傷者身上造成的嚴重心理傷害聞名。

在一九六四年至一九六五年期間，化學戰的軍事行動升到巔峰。美軍戰機從一九六〇年的「牧場助手行動」開始傾倒有毒物質，包括著名的「橙劑」[70]，以防止越南游擊隊員隱身在密林之中。然而，即使挾其懾人的科技優勢，美軍的軍事科技仍然無法徹底清空地下巢穴的住民。

在槍彈的爆裂聲之中，志工們盡心竭力地提供醫療照護，並發起涵蓋極為幼小的年齡層的教育服務，而且實踐正念，對於歸屬於不同陣營的被救助者一視同仁。志工們首先在大學接受為期幾個星期的訓練。整個運動迅速地擴張到可觀的規模，很快就集結了將近一萬名比丘、比丘尼與學生等人員參與。

青年社會服務學校的目標在於為一個橫跨全國的全新社會基本架構奠立基礎。這種受到以色列的基布茲共同社區（kibboutzim）啟發的社群生活中，家庭生活與村落生活相得益彰，再加上每位個人的努力與社群整體在不同層次上的貢獻，從文化上的技藝交流，到食物的生產甚至是支出的平衡，使這些建立在前線的村落具有自給自足的能力。

「每一個家都擁有屬於自己的一小塊地來種菜，這裡同時也有屬於整個社群共有的田地。村民們有時在自己的菜園工作，有時則和其他家庭一起耕種公有地。社區裡備有一台牽引機，每個家庭都可以借用它來犁自己的田地，因此，每個家庭就不需要自己準備大型的農業設備。……這樣的分享除了能節省一大筆開銷，也有助於村裡家家戶戶的情感交流，並在其成員之間建立深厚的聯繫。」[71]

然而，在推行這個社群之初，居民並不抱持信任態度。對人民來說，文字失去了意義，他們也早已失去信心。「他們已經見識過太多的『社會革命』了。」禪師如此說明。入世的佛教徒們選擇以謙卑與耐心來對待。接著，慢慢地，村民們開始敞開心胸並參與活動。

尤其重要的是，這些社會活動修補了幾乎被戰爭摧毀殆盡的人際聯繫。經過二十年的衝突後，年輕的志工們無私地投入，使得一絲人性開始在一個無人彼此相信的社會裡重新綻現。一行禪師後來向一位記者表示：「這是不論武器或是外國人都無法帶給我們的。」團結在一起，他們讓希望得以重生。

志工與鄉下的村民之間建立起深刻的連結。幾個月後，當美軍開始密集轟炸這些村莊時，僧人與居民們攜手加以重建。之後，當轟炸持續，並再次摧毀村莊時，他們便一次又一次地一再重建。到了第四次轟炸的時候，志工們的挫折與怒火使得拾起武器反抗的欲望變得如此強烈。然而，回歸正念終究幫助每一個人保持平靜，使其感受到一股意想不到而超群的力量。

療癒創傷之詩

在一九六五年初，一個意味深長的事實揭露了越南日益惡化的情勢。禪師透過所創立的貝葉出版社，以筆名出版了一本詩集《讓我們舉起雙手為白鴿的出現祈禱》（*Let us Raise our Hands to Pray for the Appearance of the White Dove*）。一行禪師喚起了終結戰爭的渴望。這本詩集受到熱烈的歡迎，四千多本在一週之內銷售一空。然而，從當權者的角度來說，可就不是如此了。西貢的政府立即下令查禁此書，敵對的北京電台、河內電台與民族解放陣線之聲也紛紛同聲譴責此書。

然而，他們不知道詩集作者的身分，對西貢政府來說，窩藏在這些詩背後的人顯然必定是一個共產黨員。相對地，敵對的陣營則宣稱此作者的「身與心明顯是被五角大廈與白宮所收買了」[72]。實際情況並非如此：詩集的作者並不屬於任何一個陣營，一行禪師行走在非暴力的大道上，打開了一番新視野，超越黨派之間日益升高的暴力。

禪師認為他的反戰之聲忠實反映了農民們希求停止暴力的心聲，在他們之間聚合起一股渴望脫離這場戰爭的「流沙」的希望。

一九六五年六月一日，同樣由貝葉出版社發行了標題為《對話錄》的書，其中集結了五位越南作家寫給全世界的人道主義者的書信，籲請他們為越南和平而發聲，其中一封信是寫給剛獲頒諾貝爾和平獎的馬丁·路德·金恩牧師。「全世界最重要的人道主義者都無法沉默地坐視。你也不可能保持沉默。」禪師在給他的信中寫著。這本書尤其結集了越南知識分子寫給包括馬爾羅（André Malraux）、夏爾（René Char）、沙特（Jean-Paul Sartre）與美國的亨利·米勒（Henry Miller）等人的書信。

和平鬥士

寺院的生活條件與戒律固然使在其中追尋智慧的人生活受限，但一行禪師是在行為舉止與人生選擇上都不墨守成規的僧人。寺院提供的是對初入門者來說必要的暫時架構，足以奠定內在生命，促進性靈的穩定成長，蓄積充分的精神與力量，以在心和精神達到一致之時，獲得領悟大智慧的能力。

禪師自美國返回以來，他將大部分的時間奉獻給社會上最弱勢的族群和寫作。身處在這些動亂之年的越南，禪師描述：「我就像是一塊由戰爭之火所鑄成的鐵。」他的行為見證了其堅定的社會投入，以及為終止周而復始的苦難循環所做的努力。然而是什麼使得再也沒有舒適的庇護所的他，得以找到讓他每天再出發的精力？一個總是沉浸在思考之喜悅裡的人該如何在深陷於充滿動盪與不安的世界之際安身立命？如何保持一番遠大的道德想望，而不墮入毀滅性的虛無主義之中？釋迦牟尼佛勸告弟子們以自身的光來照亮自己的靈魂。禪師時常引述祂的話。他從在寺院時期接觸

「毗奈耶」[73]起，就律己甚嚴：沒有一個行動不是在覺知的情況下完成的。禪師的腳步是被這番道德與靈性的要求所驅動的。對和平與高尚的渴求，在那幅曾經使禪師印象極為深刻的釋迦牟尼佛畫像上閃耀的這些光輝，持續不斷地鼓舞著他。

接著，禪師有了回歸當下的謙卑體悟，並決定盡可能付諸實行。對自己呼吸的覺察重建了我們與自身生命的聯繫。那是選擇活在當下，活在真實之中。有一天，禪師完全沉浸在如何停止砲火的沉思之中，以至於他幾乎食不下嚥。高玉芳於是煮了一碗混合多種青菜的麵給他，她問禪師是否有辦法分辨這些菜葉的種類。「在認真觀察了這些青菜的混合物後，我醒悟了。我明白自己必須停止為戰事煩心，而開始學著去分辨它們。」[74]禪師之後寫道。

關於越南的噩耗不停地接踵而來，鎮壓與審查的機制也愈趨嚴厲，但禪師這位年輕領袖分分秒秒未曾停止實踐正念。禪師在日常的實踐之中，試圖避開造成暴力與煩惱的種種微小可能。漸漸地，非暴力的深意逐漸向他揭顯。從這幾年起，禪師對事件的解讀漸趨成熟，並帶有一種大智慧，禪師將這樣的眼界歸功於一種稱為「深觀」的持續訓練，這使他的眼光足以超越粗略的外在情境。禪師精通了細察的練習，並超越所發生的一切而達到洞見，進而揭露出每個人內在的人性。在一層又一層的暴力、苦難與傷痛之下，是人在掙扎。而禪師在表相和覺受等種種誤解背後所尋找、並試圖以無限的溫柔帶回生命之路的，也正是這些受苦的人。不久之後，禪師也將成為第三條路，一條前所未見的路的體現。同一時間，在越南，「和平」也將變成一個禁忌的字眼。

第二章
第三條路

一行禪師總能高明地在身為一個佛教僧人與心靈導師的同時，清楚地表明自己的政治立場。

他並不鼓勵共產起義，卻也不支持南越的政權。他嚴厲譴責美國人以及他們賦予金錢過高的權力。當金錢伴隨了對大地背信忘義、肆無忌憚的暴力與不當之舉時，一切是虛空的；暴力是貧瘠且帶有侵蝕性的；戰爭所戕害的是眾生與自然，摧毀了一切初心，最終也扼殺了對未來的希望。金錢應該要替我們為生命所賦予的意義服務，而不是反過來迫害生命。禪師相信唯有道德價值與德行能避免人心流於腐敗。在南越，美國人用美金來澆灌政權。此外，有些越南人的生存手段也將建立在一種純粹的機會主義之上，他們毫無政治信念地與政體合作，唯一的目的只是從美國人挹注的金錢裡獲利。

三位美國和平主義者

在一九六五年的夏天，雨季的酷熱使人窒息。在一行禪師投注大量時間的萬行大學，三位傑出的美國貴賓將受和解委員會（FOR, Fellowship of Reconciliation）之託來訪[75]。整個二十世紀，這個由男男女女所組成的跨國組織都在促進和平上扮演了至重的角色。當親美的南越與敵對的北方解放陣線之間點燃戰火時，和解委員會就派遣了一隊代表團，希望能斡旋出一項和平的替代方案，他們希望在禪師帶領的運動裡找到合作契機，或至少是以同樣受到和平企圖與非暴力手段啟發的類似精神來工作。這個代表團是由和解委員會的祕書長艾弗瑞德．海斯勒（Alfred Hassler）以及慕斯特（A. J. Muste）所帶領。

艾弗瑞德．海斯勒是在美國異議分子與和平主義者之間家喻戶曉的名字。他於一九一〇年在美國賓州出生，在紐約成長，並在哥倫比亞大學修新聞學。他在二次世界大戰期間由於良心而拒服兵役，拒絕參與戰爭而入獄。在服刑期間，海斯勒寫了《一位自願犯的日記》（*Diary of a Self-Made Convict*）這本書以及多篇文章[76]，來表達自己的反戰立場。

在一九五七年，他想到一個絕妙的點子：結合插畫家艾爾・卡普（Al Capp）與班托・瑞斯尼克（Benton Resnik），共同創作一本標題為《蒙哥馬利的故事》（*L'Histoire de Montgomery*）的漫畫書[77]。這個點子在於以輕鬆的口吻描述蒙哥馬利巴士事件的上訴與杯葛，而這一切即是由和解委員會協助促成的。故事源起是蘿莎・派克斯（Rosa Parks）的公民不服從行動：四天前，派克斯這位黑人女裁縫師拒絕服從公車司機要她起立讓座給白人的命令，這個舉動被視為妨害公共秩序的行為，公車司機因此要求將她逮捕。在蒙哥馬利鎮的非裔美國人社群高層的眼裡，這番逮捕行動欺人太甚，他們因此決定採取行動，而在前頭帶領他們的是一位年僅二十六歲的年輕牧師，小馬丁・路德・金恩。

艾弗瑞德・海斯勒希望與廣大的群眾分享這次杯葛行動得以成功的關

鍵。他們印製了總共二十五萬冊的漫畫。這本漫畫的傳布並非透過一般鋪書的方式，而是與許多組織、教堂和學校合作，先後啟發了美國南方的和平運動團體，以及在拉丁美洲與南非性質相同的團體。

「美軍撤退之前，到底還有多少越南人必須喪命？」萬行大學其中一位也是僧侶的負責人帶著一種竭力克制的憤怒，在一行禪師以及來自國外的與談者身旁詰問。

這三位和平主義者指望在美國大眾面前揭露連續幾任的美國政府都試圖維繫的這番越南政權的醜陋現實，尤其是他們針對佛教徒的壓制。他們希望這個新的變數能促使美國眾議員提出解決方案。在另一方面，一行禪師和他的佛教弟兄則向美國人民提出了一份請願書，這份要求美軍撤軍的請願書於三天之內就在越南獲得將近四千人的簽署。身處於這場極端敏感的外交角力之中的艾弗瑞德·海斯勒拒絕簽署：他知道一旦如此地公開表明自己的政治立場，他將名譽掃地甚至被指控為共產主義者。在一九六〇年代的美國，「共產主義者」幾乎是骯髒的字眼。

這一行人於是必須構思一個實在而清晰有力的替代方案。一行禪師和他的弟兄們則試圖為這個長遠的行動提供倫理的基礎。因為，事實上，在狡詐的游擊隊和配備有高端武裝卻動彈不得的世界最強軍隊之間，任何一方都不可能得勝。雙方都無法真正擊潰對方。而如果美軍真的撤退了，他們又必須維持自己的尊嚴，這是他們願意撤退的必要條件。

禪師試圖向他們解釋：退出戰爭衝突並不意味著屈辱。失敗是顯而易見的，而且不論如何都不會有任何勝利者，於是，思索一條新的道路就是現在不可避免的課題。但這條新的道路該依循什麼樣的基本價值前進呢？經過討論之後，一個選項似乎逐漸浮現了：「我們的信仰宣揚非暴力，並不是因為我們沒有武器，而是因為我們選擇不去使用它。我們對聖雄甘地與你們的小馬丁·路德·金恩的非暴力抗爭有信心[78]，我們對人類同胞有信心。你們的國家花費了世界上其他國家都賺不到的金錢在武器上，卻發現得到的不是力量，而是不安。全身上下都布滿了炸彈、飛彈與汽油彈的美國還有選擇非暴力的可能嗎？」[79]

這個中心價值就是非暴力。他們在團結一心之下，勾勒出了一條新的道路，剩下的工作就是讓人更容易理解這個價值，以贏得美國人民的支持。這是一個從長遠來看，足以影響政治領袖的方法。最終，和解委員會的代表決定傳達佛教徒的立場讓同僚知道，並同時積極地和美國宗教界代表合作，俾使後者表達反戰的立場。

一行禪師深受艾弗瑞德・海斯勒和他的同僚提出論據時展現的誠意所打動。慕斯特則已經對禪師懷抱高度的景仰，他們的會面在推動和平運動上至關重大。

在一九六六年，大學國際政策辯論委員會（Comité interuniversitaire pour le débat sur la politique étrangère）的羅伯・布朗（Robert Browne）教授和位於紐約伊薩卡的康乃爾大學的麥克卡因（MacKahin）教授邀請禪師到康乃爾大學，主持一場關於越南的研討會。

佛陀的傳人

一行禪師出發前，在一九六六年二月的滿月時節創立了「接現同修」這個全新的團體[80]，由出家眾與同修的凡俗之人共同組成。一行禪師以法文的「互即互入」(Inter-Être)來詮釋越南語的 Tiep Hien 一詞：芸芸眾生皆是緊密聯繫而且相依相存的。團體裡共有六個人接受了聖職授階儀式，其中之一便是當年二十八歲的高玉芳。然而，她是在數十年之後才真正剃度並穿上僧衣。「接現同修」的每一個成員都遵循特定的戒律，隨著時間過去，這些戒律將構成「十四項正念修習」[81]。十四項修習中的第一條直指缺乏寬容的問題，儘管是在一個佛教的脈絡下，缺乏寬容將我們帶回了越戰的情勢之中。這條修習的開頭是：「因為覺察到狂熱崇拜與缺乏寬容所導致的種種苦難，我們決心不做偶像崇拜之事，亦不墨守教條、理論或意識形態，即使是佛教的亦然。」

禪師在動身前往美國之前，前往他的師父真寔禪師所在的寺廟道別，說明他將離開三個月。有別以往，真寔禪師這次則堅持把自己的年輕弟子留在身邊。實際上，他要進行法脈傳燈的正式儀式[82]。在佛教禪宗的傳統裡，沒有成為「傳人」的弟子就沒有布道的權力，而承接了法燈的弟子從此則屬於一脈相傳的繼承人之一，其中的每一個法脈都可以一直上溯到釋迦牟尼佛本身。禪師在這項儀式之後，從他的師父那裡受賜了「一行」這個名字。

真寔禪師同時也傳給他一首詩，這是一首傳道之詩，將作為他在世界各地流浪時的真正嚮導：

「在朝著迎向春天的唯一方向前進時，我們會邁出英雄般的腳步。在行動之時不帶意念，無所競爭，我們必須實踐非思與非戰，不求功與名。如果心靈、性靈之燈面朝自身並且點亮真性、這原初的源頭，那麼妙法也將在東方與西方實現，直至全世界。」

一九六六年春天，越戰持續升溫，無數位於前線的村莊遭受猛烈的炮擊。一九六六年五月二日，一行禪師搭乘飛機前往美國，這場旅行預計將持續三個月。

第三章

團結眾生與諸心

一九六〇年代，全世界許多人的生命陷入動盪不安，這十年的最後幾年更是格外關鍵。

在越南，愈來愈多示威遊行反對新獨裁者阮高祺在前任獨裁者吳廷琰遭到暗殺後所建立的政權。這些抗議者中有許多佛教徒，他們極力要求採行民主的選舉制度。南越政府接受了他們的請求，但這個決定最終也只徒具形式，因為早在選舉之前，他們就已經步步為營地將可能參選的佛教領袖都逮捕了。

單一聲音的力量

一行禪師返回了美國，並由於先前幾個月在越南的動蕩的影響而疲憊不堪。儘管越南的處境艱難，但離開自己的國家總令人肝腸寸斷，幸好迎接禪師的這群美國人將悉心照料他，而滿檔的忙碌行程也使他無暇分心。

禪師一抵達美國，就與和解委員會的祕書長海斯勒聯繫。海斯勒推想禪師必定能傳達無數越南人民的立場：他們並不認同共產主義，也不支持反共產主義，而單純地希望美軍能夠停止轟炸。在反共文宣的洗腦之下，大多數的美國人事實上都認為越戰是師出有名。他們認同這場戰爭是正義的，且勝利也即將到來，這就是華盛頓當局不斷灌輸的觀念。然而美國人在聽了禪師的證言之後，再也無法坐視不顧了。禪師的回應是，儘管他不知道明天他將發生什麼，但無論如何，「我都對自己此時此刻正行走在上面的大地有信心，海斯勒先生，您在往往分離了信仰與行動的河上拋出了一座橋梁。」

禪師除了在布朗與麥克卡因教授安排之下，於多所大學巡迴之外，和解委員會也替禪師籌畫了一場衝擊之行。海斯勒特意安排禪師和與委員會關係良好的宗教高層人士會面，以使他們更了解越南的處境。在這一波創生中的廣大和平運動裡，禪師將扮演一個直接目睹了戰爭恐怖的代言人角色。至於一行禪師本身，他不但與委員會的成員相處融洽，也相當感激海斯勒的付出。在一九六六年五月，他給委員會寫了一則簡短的訊息，感謝他的「朋友們」，並向他們表達深厚的感激之情。禪師寫道，對他來說，成為和解委員會的一員就像呼吸一樣的自然，因為他的整個存在都渴望著和平、理解、愛與友誼。國際和解運動就是一種將愛付諸實行的方式。既然佛教義理的一大基礎就在於尊重一切形式的生命，那麼所有的佛教徒理所當然都應該投身於反戰的行列。禪師在將精力奉獻給國際和解運動的同時，事實上正沿著非暴力的大道而行，這是一條通往和平與和解的道路，而為了這項目標，他願意毫無保留地投注一切努力。83

對海斯勒來說，一行禪師不只是越南災難的見證者。他的秉性、沉著、敏銳與卓越的德性都使他的存在不同凡響。禪師的話語足以激起高度的憐憫，他所選擇的字詞無一不發自內心，他的身上散發出一股帶著和平的力量，使觀眾席裡的聽眾再也沒有人能無動於衷。以其平易近人的方式，禪師同時也是少數在渴望採行和平解決方案的同時，還願意與美國人對話的越南人。

一九六六年六月一日，禪師在華盛頓特區舉辦一場記者會，並提出一份和平計畫，公開地指出美國應該擔負終止戰爭的責任：

一、美國必須公開表明其協助越南人民獲致一個真正關心其願景之政府的意願。
二、美國必須立即停止一切轟炸。
三、美國軍隊必須將其行動限縮至純粹自衛的層次。
四、美國必須以令人信服的方式展現其在一定時間內撤軍的意圖。
五、美國必須不帶意識形態與政治盤算地提供重建的援助。

出乎意料地，禪師的介入引發了遠超乎他自己所預期的迴響。在越南，這所引發的反應既是最直接的，同時也是最激烈的。非暴力的信條促使禪師拒絕選擇站在任何一個陣營。這個立場固然使他的行動無可反駁，卻也令當權者大惑不解，而一行禪師此後的命運卻是由他們來決定的。在同一天，禪師被西貢電台、報紙以及阮文紹、阮高祺政府舉報為叛國者。他再也無法在沒有生命威脅的情況下返回越南。

甚至，連禪師身處越南的同志們都對其政治舉措感到有所遲疑。他們認為立即停火的要求是不成熟的。萬行大學的負責人明珠法師與清雲法師則認為不可能同時兼顧政治與社會服務：後者的活動有可能被禪師的政治立場所連累，儘管其立場是和平主義的。事實上，在一九六六年的越南當權者眼中，揮舞和平主義者的旗幟就等同於宣稱自己支持共產主義。而在南越，這更如同簽署了自己的死刑判決一般。是否有必要讓教育事業與政治行動如此涇渭分明？這個問題激起了熱烈的討論。高玉芳在她的回憶錄裡寫道：「但如果我們向年輕人隱瞞人類殺戮的事實，那麼你要如何教導他們尊重生命？如果連你自己在使用『和平』一詞的時候都感到畏懼，那麼你要怎麼解釋《妙法蓮華經》裡，觀世音菩薩的無懼呢？」[84]最後，萬行大學決定與青年社會服務學校斷絕關聯，而一行禪師本人則不再受到越南歡迎，可以想見，許多協會的成員都對禪師的缺席感到惋惜，尤其是高玉芳，在她眼裡，禪師的智慧對各種活動的推行都是不可或缺的，越南的人民愈來愈孤立無援了。

在美國，海斯勒的眼光是精準的，這位「佛教和尚」的介入為越戰的媒體報導帶來新的話題焦點。禪師詰問來訪的記者，引發了他們的好奇。他的感染力來自真摯的話語，和帶著痛苦色彩的動人誠懇態度。有一些人讚嘆禪師令人不敢置信的年輕神態以及他的勇氣、信仰和堅毅。必須承認的是，儘管一行禪師已經年近四十，他卻仍然保有格外青春的氣息。

當人們批評禪師提出的撤軍要求與共產黨不謀而合，抑或當越南的黨派指責他與山姆大叔過從甚密時，他只是毫不動搖地回應：「我們要求立即停止轟炸。」他向《紐約時報》解釋其立場：「美國人認為只有首相阮高祺和其他的天主教徒是反對共產主義的。這是一個錯誤。我也反對共產主義，但不是因為我憂懼失去車子或房子，而是因為在共產主義裡沒有精神生活的空間，」禪師也補充道：「農民不喜歡共產主義，但是更痛恨戰爭。」[85]

一行禪師很清楚自己在說的話，他曾經在離胡志明小徑不遠處展開的戰區與深受轟炸所苦的農民們同在，他深知痛苦的意義，他明白越南的人民在一場不屬於他們的戰爭裡成為了人質，他也知道他們已經無法再忍受下去了。美軍為了征服越南，原本應該要贏得其人民的支持，但他們的所作所為卻適得其反。美國人與共產主義的對抗是徒然的，因為他們早已失去了對越南人民的同情與憐憫。在這一局棋裡，最被遺忘的就是人類。

在新聞媒體協助接連報導禪師的行動之下，他於是很快就會晤了幾位同時代最具影響力的人物，包括美國國防部長勞勃・麥那馬拉（Robert McNamara）、答應為禪師的書《火海之蓮》撰寫序文的特拉比斯會修士托馬斯・默頓（Thomas Merton）以及威廉・傅爾布萊特（J. William Fulbright）與愛德華・甘迺迪（Edward M. Kennedy）參議員。禪師與托馬斯・默頓可說是一見如故，強烈的好感在他們之間油然而生。同樣選擇了遠離社會、作為修士的生命，也使這兩個男人倍感親近。他們在各自真誠而毫無妥協的道路上相遇。對默頓來說，一行禪師「猶如兄弟」。

禪師持續在歐洲各地巡迴，途中並與許多國家領袖及天主教會代表會晤，包括達尼埃魯（Jean Daniélou）樞機主教。禪師也受到羅馬教宗保祿六世私下接見兩次。禪師在教宗面前時，特別請求他前往河內或西貢。「如果他決定前往河內，這會引發人們對支持和平的重大迴響，」[86]一行禪師向記者解釋道。他透露，教宗聽到這項提議時，的確顯得有些驚訝。儘管教宗自己當時並未親身前往越南，但在西貢的教廷代表仍努力在天主教徒與佛教徒之間建立相互理解的對話，朝向一個和平的解決方案邁進。據一行禪師所述，越南的和平團體從此團結一心的合作成果是如此豐碩，若不是因為美軍的直接介入，一九六五年至一九七五年的越南總統阮文紹，以及一九六五年至一九六七年的越南首相阮高祺將軍的獨裁政權，都極有可能垮台。

對於其他人，禪師則聲明：「我們希望越南能擁有的最重要的東西，就是從解放的執念中解脫。我們是希望拯救我們的善意下的犧牲者。」他提醒人們警覺到那些因共產主義及反共產主義所造成的破壞，並且點醒大家：比起越共，戰爭其實殺害了更多的無辜百姓。停止戰爭因此是當務之急，因為暴力的加劇每天都在延緩和平的到來，並且摧毀了越南的社會及其士氣。

西方生活大發現

一行禪師很開心能與海斯勒結伴旅行，因為在旅行條件時而艱困的這條漫長路途上，他扮演了一個善意而用心的聽眾角色。每晚得睡在不同的地方，再試圖找到與自己素昧平生的人對談的精力，與此同時，禪師和海斯勒對彼此的認識也益發深刻。當禪師不想回答某些記者的問題時，他便保持緘默。而對於這些沉默，海斯勒也都體貼地接受。西方生活的速度、聲響與色彩帶給禪師一種置身夢中的感覺。路上的行人及身邊伙伴的步伐速度令他驚異。即使禪師赴約即將遲到，他仍會用心留意自己的呼吸與行走的節奏。無論如何，當禪師試圖跟隨旁人的節奏時，他總是覺得「那在走路的不是他自己」。禪師的步伐終究保持了自己特有的節奏，而這個微小的細節似乎也以其特有的方式，顯示了他不願意隨波逐流，只堅持走自己的路。

在瑞典的一個夜晚，因為天仍然亮著，鳥聲啁啾，禪師只睡了一個小時就醒了過來。在這個夏日白晝如此漫長的北國，黑夜在清晨兩點便消逝了。

幸好，海斯勒的陪伴讓禪師的生活輕鬆許多，他替禪師分憂解勞，並建構了一座連接越南僧人與西方世界的橋梁。「我在他的身上找到了我在西方遇過最用心的聽眾。」[87]多虧他這位和平主義的新朋友，禪師學到了許多關於西方文化的事物，特別是關於基督教的部分。同心協力地，他們交流了許多如何讓越南免於破壞的想法。禪師讚美海斯勒的心靈開放，並因為擁有一位懂得接受並賞識其建議的朋友而心存感激。

有一天，禪師了解到自己有必要更熟悉西方文化，一位女詩人載著他到亞特蘭大機場，並問他：「我們可以擁抱一位佛教僧人嗎？」東方與西方的這番碰撞融會之下，產生的結果就是所謂的「擁抱冥想」[88]，這是禪師在幾年之後發展、並於其中宣揚擁抱之藝術的修行實踐。

在那個時期，禪師仍懷抱著不久後就會返回越南的希望。

第四章
敬愛的小馬丁．路德．金恩牧師

艾弗瑞德．海斯勒建議一行禪師與小馬丁．路德．金恩會面。事實上，金恩牧師早自一九五〇年代起，就已經和海斯勒以及和解委員會合作。講述金恩牧師在蒙哥馬利鎮的行動的漫畫《蒙哥馬利的故事》為其贏得了許多尊敬，而最初的發想就是來自海斯勒。

事實上，禪師與金恩這位來自阿拉巴馬州蒙哥馬利的浸信會牧師之間有許多共通點，他們都對哲學抱持開放的心態，這位美國牧師是齊克果、尼采、雅斯培、海德格、保羅．田力克當然還有沙特的讀者。兩人也都不諱言沙特存在主義對他們的發展過程的影響，這種哲學假定人的生命本質是由其行動所定義。這樣的開放性賦予他們質疑教條，並援引觀念、加以嘗試的能耐。此一進路似乎是透過對真理的時時刻刻探求所引導的。

此外，金恩牧師也很了解人性的暴力以及人們易於踏上致命不歸路的傾向。他的家人曾多次受到死亡威脅，種族隔離主義者並以炸彈攻擊他的住家；他甚至遭到身體暴力的傷害。在一九五八年，一位黑人女性指控他是共產主義者，並用匕首刺傷其胸部。金恩最後驚險地逃離死劫，最終並原諒了加害者。因為他明白以暴力來回報仇恨只會釋放人類的獸性，並將其推向萬劫不復的深淵。唯有愛與信任才是生命中應有的情感。同樣地，當我們選擇了信任與信仰，這種慷慨的態度也可能透過鏡像效應，帶領採取敵對姿態的人們重拾愛與和平。在他察覺到暴力之際，往往也看出遺忘了神聖之愛的人內在所潛藏的無知。一行禪師亦然：他對抗的始終不是人本身，而是其無知與缺乏理解。

最後，金恩牧師也懂得苦難的重大意義。這就是為什麼非暴力所代表的並不是一種政治選擇，而是一條艱苦而真誠的內省進路所導致的必然結果。

一九六六年六月，當兩人在這位浸信會牧師掛有聖雄甘地肖像的辦公室見面時，即感到心靈相繫。金恩牧師全神貫注地聆聽來自越南的禪師娓娓細訴吞噬了越南的恐懼、暴力與絕望。當禪師向牧師陳述訴求時，也闡明了兩人抗爭的相似之處。事實上，禪師解釋，就如同牧師為實現公民權、自由與平等的抗議並非針對白人，而是針對不容忍、仇恨與歧視，越南僧人們的抗爭也以撫平越南人民的傷痛為目的。同樣地，如果一九五九年與一九六〇年初的公民抗爭是以一種簡樸而有尊嚴的方式實踐，越南的僧人們便不會自焚，犧牲了自己寶貴的神壇以阻止坦克車的前進。禪師以此激勵這位黑人民運領袖公開投入反對越戰的行列。

由於這場為時四十五分鐘的會晤，金恩牧師決定在一場記者會裡與一行禪師同台，並公開宣稱：「美國的黑人與在越南抗爭的佛教徒因支持和平與正義的共同目標而連結在一起，他們並且準備好為此志業而犧牲自己。」[89]

幾年之後，一行禪師也為牧師在他身上留下的深遠影響作見證：

「在我遇見小馬丁．路德．金恩的當下，我就知道在我面前的是一位聖人。不只是他的工作，而是他的整個存在都帶給我很大的啟發。」[90]

當兩人在一些推動和平的聚會碰面時，尤其是在日內瓦，禪師向牧師透露：對於許多越南人來說，金恩牧師就猶如一個「菩薩」，一個為他人服務的愛與慈悲的化身。

在《為歸屬而生》（*Born to Belonging*）[91]一書裡，金恩牧師的摯友安德魯．楊（Andrew Young）提及一行禪師在金恩牧師身上留下的靈性印記。根據他的說法，與禪師的相遇促使金恩牧師重新調整對越南的立場。

於是，在一九六七年四月四日，金恩牧師在河畔教會的一場集會裡，公開表明反對越戰的立場。金恩牧師在以「超越越南：打破沉默的時刻」為標題的布道裡，質問美國政府。「沉默是一種背叛。」金恩牧師表示，並強調七項理由，說明為何他的道德良知使他在美國繼續從事社會及心靈事務之際，必得同時反對越戰。關於兵役問題，他因而鼓勵年輕的牧師們放棄國防部提供的宗教豁免權，而以良心拒服兵役者的身分做出抗議。以更宏觀的視野，金恩牧師也祈願美國，這個崇尚物質利益更甚於人命的國家，能進行一場價值觀的革命，並把砲口指向在美國四處蔓延的「對共產主義的病態恐懼」。最後，他提出五點的進程建議，其核心為單邊停火。

這場布道帶來了重大的成果，成千上萬的全美國人民都聆聽了牧師的演講。同時也打響了試圖感化人民支持美國撤軍的一系列長期努力的第一砲[92]。幾天之後，估計有十到二十萬人民於四月十五日在紐約集結，參與反戰示威遊行。

第五章
漫天烽火的一九六七年

「我自己還沒見過任何一位比這位來自越南的溫和佛教僧人更值得獲頒諾貝爾和平獎的人……。其和平的思想如果能得到實踐，將為普世教會合一運動（œcuménisme）、世界博愛與全體人類都樹立一個不朽的典範，」小馬丁·路德·金恩於一九六七年寫給位於斯德哥爾摩的這個重大獎項的委員會的提名信裡如此解釋。必須受到一位先前獲得諾貝爾獎得獎者的推薦，才能獲得提名。儘管獲得提名對一行禪師來說是極大的肯定，而且小馬丁·路德·金恩的推薦也極具分量，然而當年終舊沒有頒發諾貝爾和平獎。

正確的眼光

在這個時期，禪師以英文書寫了大量的詩作詰問戰爭。海斯勒則替他修正一些他認為用法並不全然適切的辭彙。禪師著手籌畫英文版的《火海之蓮》[93]，而這本書之後將以《給年輕社會運動者的禪修手冊》（*Un manuel de méditation à l'usage des jeunes activistes*）為核心，他以寫實的筆法描述越戰的現實，說明置身於這場戰爭所體驗到的狀態，尤其是關於越南人民如何看待美國人。事實上，在一行禪師眼中，越南對美國人的看法，以及西方人對越南人的錯誤看法，這個相互了解的觀點在越戰裡發揮重大的作用。只要美國人體察到越南人民的苦難，由此轉變其對越戰的看法，則會打開新的視野。在越南方面，如果人民能擁有表達自己想法的自由，就會反對阮高祺政權及美國政府的政治操作：這也就解釋了為何這些掌權者必須壓制一切可能開啟和平之路的聲音了。

一行禪師寫道，經歷了為期二十年的戰爭，越南社會如今瀕臨徹底的崩解：

「不必要的殺戮與日常的死亡、私有資產的破壞與黑金的運作腐蝕了人性，並且導致了越南人民之間的猜忌和極度的挫折。幾乎所有的人都成為貪腐下的受害者，以至於似乎只要用金錢，從女人、政客、將軍到知識分子都無一不能收買。」[94]

禪師以其極為實事求是的方式，竭力向美國人民揭露中南半島鄉村居民眼中的戰爭日常：

「就像我曾經在一個小村莊看到的：一頭牛拉著一輛簡易的農車，車上載著一個年輕的越南女子，她手中抱著一個小嬰兒，一旁的則是這個女子的母親。他們的家當高高地堆在牛車上。一架直升機從天而降，鐵製螺旋槳發出的噪音與引擎的轟鳴嚇到了那頭牛，牛於是跑掉，整輛牛車翻倒，把車上的女人與家當通通拋到路上。如果這敘述的是一個虛構場面，可能很好笑，但情況並非如此。美國士兵從直升機上下來，並向這個年輕女子表明要把她帶走，她和她母親央求士兵的憐憫，然而士兵毫不留情。」[95]

至於越南社會的上層階級，禪師則表示他對南越政權——他稱之為美國人的「傀儡」——誤入歧途的政策感到遺憾，因為這迫使這些社會菁英投入民族解放陣線或共產主義的懷抱。

英文版的《火海之蓮》共計銷售了四萬冊，之後更被譯成十二種語言的版本。

一九六八年的一個下午，當禪師在聖路易的一間教堂向一大群新教徒演講時，觀眾席的一位聽眾嚴厲抨擊，並質疑他的「假慈悲」：「釋先生，如果您真的那麼關心您的同胞，為什麼您會在這裡？如果您真的那麼關心受創的人們，為什麼您不花點時間陪著他們？！」

根據轉述這段插曲的吉姆．佛瑞斯特（Jim Forest）所描述，現場的氣氛立刻變得緊繃而凝重，彷彿連空氣都突然使人窒息。

場面陷入一陣漫長的沉默，禪師終於帶著極其平靜與專注和剛才的批判者真誠地開口說話。他的話語猶如澆在烈火之上的雨水：

「如果你希望樹木能長大的話，澆灌樹葉是沒有幫助的。你必須要灌溉它的根底。這場戰爭的許多根都在這裡，在你們的國家。為了幫助炮火攻擊下的人們，為了試著保護他們免於苦難，所以我來到這裡。」

「現場的氣氛立刻反轉了。」佛瑞斯特說明當時的情況。「那個人的怒火是對我們自己怒火的試驗。而禪師的回應則揭示了第三種可能性：以愛來超越恨，來打破那始終伴隨著人類歷史的苦難所構成的無盡鎖鏈。」96

一行禪師做完回應之後，在主席耳邊說了幾句悄悄話，接著離開會場。佛瑞斯特在教堂旁的停車場發現禪師獨自沉重地呼吸，幾乎就要喘不過氣。先前那個人的評論其實使禪師心煩如麻，而他的第一股衝動甚至是想憤怒以對。禪師於是很緩慢而深沉地呼吸，希望藉此找到一個帶有諒解的回應方式。但這股衝擊仍然太劇烈了。

佛瑞斯特於是問他：「那你為什麼不對他生氣呢？即使和平主義者也有生氣的權利吧。」

「如果這只是我自己一個人的事情，那麼當然沒錯。但我在這裡是要試圖替廣大的越南農民發聲。我必須向人們展現出我們自己能做到的最佳狀態。」禪師回答。

越南的戰爭情勢愈演愈烈。勇敢的高玉芳堅定地為維繫青年社會服務學校的運作而四處奔走，許多南越的知識分子都把她視為女英雄，她組織許多志工團隊到遭受轟炸的鄉村提供援助，同時也推廣禪師其宣揚和平的書籍，例如《火海之蓮》。她的行動使她數次遭到逮捕，有一次甚至鋃鐺入獄。然而每一次，她總帶著出奇的運氣全身而退。她在其回憶錄裡揭露了她的祕密：那與運氣毫無關聯，而只在於她的信仰。每一次被逮捕時，她便把心神專注於呼吸之上，進入冥想的狀態，並向觀音菩薩祈禱。有一天，她的姿態博得了一位警察的同情，他於是藏起了她的物品裡的一份和平請願書，這種請願書原本會導致幾年的牢獄之災。

人類不是我們的敵人

德國、法國與美國派駐了大量外電記者到越南，而越戰也成為第一個在大眾傳媒大量曝光的戰爭。一九六七年五月十七日的《紐約時報》的標題是：「一位佛教徒老師宣稱：『我們大部分的越南人都厭惡美國。』」[97]搭配這篇文章的照片呈現一位畢挺而嚴肅的年輕女子，深不可測的神情望向遠方。

這位植物學老師不是別人，就是高玉芳。在美國記者面前，她以有些缺乏自信、夾雜法文的英文為越南人發言。她尤其希望能為自己的朋友與心靈知己一枝梅（Phan Thị Mai）發聲，這位出身良好的年輕女子投身青年社會服務學校的行列，而且是禪師赴美國之前傳戒的「六雪松」的六位出家眾之一。三天前，她動身前往慈嚴寺，以蓮花姿勢端坐，並在前面放著兩尊雕像，聖母瑪利亞像與觀音菩薩像，接著在自己的身上塗滿油，然後點火自焚。

一枝梅在身後留下了許多信件與詩，特別是由禪師所寫的〈叮嚀〉，這是她在自焚之前反覆念誦的一首詩：

「切記：人類不是我們的敵人

慈悲是你唯一應有的——
無敵、無界限、無條件的慈悲。
仇恨永遠不能使你面對
人類內在的怪獸。」

一枝梅留下的信中，則懇請天主教徒與佛教徒為了和平團結一心，進而使人體會耶穌的愛與佛陀的的慈悲。[98]

她也呼籲美國從越南撤軍。她在託大使埃爾斯沃斯．邦克（Ellsworth Bunker）轉交給詹森總統的一封信裡寫道：「我們大部分的人、我們越南人，都打從心底厭惡那些帶來戰爭災禍的美國人。」「一噸又一噸的炸藥與你們的金錢已經腐蝕了我們的人民，也摧毀了我們的身體以及民族情感。」[99]在一個將自我犧牲視為至高英勇義行的國家，這位年輕女子的公開自焚所造成的震盪激起了各界人士彼此真誠合作。

一枝梅的信件是透過佛教僧人與天主教士的通力合作才得以公開。她在其中一封信裡也提到諾曼．莫里森（Norman Morrison），一位於一九六五年在五角大廈前自焚的貴格派教徒。這些信件將推動由基督教和佛教徒聯合的一波反戰運動。

一行禪師解釋道，自焚的舉動看似走投無路，事實上卻是奉獻的義舉。在他看來，這些僧侶透過以火自焚，其目的並非以死來壓迫，而是期望他們修改政策。他們的敵人並非人類，而是違背人心的偏執、盲目、專制、貪婪、仇恨與歧視。佛陀的一則訓示即是：「為了眾生之福而在身上塗油。」一枝梅年輕的形象將永遠縈繞在高玉芳的心中。

到了一九六七年，交戰雙方已經難以想像該如何讓一切重新來過：彼此都已經陷得太深。許多青年社會服務學校的成員遭到暗殺，為窮人服務被視為是共產黨的行為。高玉芳發現了阿俊、阿壽、阿寧和阿喜（音譯）四位同學沉在河底的屍體，為了不讓自己被絕望所吞噬，她在採行每一個舉動之際，都盡可能竭力培養出正念。在夜裡，當她怎麼樣都無法成眠時，她想起了禪師的教誨：人類不是我們的敵人，無知與仇恨才是。這個體悟使她恢復平靜。

神祕主義與公民不服從

在美國，大約一百位學生組成的小團體發起了一份和平請願書。有賴這項倡議，海斯勒後來在一九六七年底前往越南，與青年社會服務學校的學生會面。這些學生起初對和一位西方人士來往的想法抱持敵意。然而海斯勒持續地釋出耐心，學生們終於答應和他見面，並且甘願冒著生命危險，加入請願書的簽署行列。他們的行動成功地打開了新的前景。

從一九六六年至一九六八年，一行禪師在真誠而深刻的性靈歷程中，和多位參與社會改革的要角建立了深厚的友誼。這些人循著和梭羅以及愛默生相同的路線，以融合神祕主義與公民不服從的方式，投入維護世界和平的奮鬥。對於禪師來說，這些男男女女就像是菩薩。他們除了包括金恩牧師與托馬斯．默頓之外，還有桃樂絲．戴（Dorothy Day）、丹尼爾．貝利根（Daniel Berrigan）、瓊．拜雅（Joan Baez）與吉姆．佛瑞斯特。

桃樂絲．戴身兼記者和天主教社會運動者的身分，她年輕時曾在紐約過著波希米亞式的生活，並且與無政府主義者和極左派交好。她的女兒在一九二七年出生，這深深激盪她的靈魂，從此皈依天主教。她與彼得・莫林（Peter Maurin）攜手創立了天主教工人運動，提倡以非暴力和接待來善待社會邊緣人。他們在紐約的貧窮街區廣泛設立「接待之家」，並創立一系列讓基督徒集體生活的農場。艾比・霍夫曼（Abbie Hoffman）是一九六〇年代的美國反文化領袖之一，以其幽默感與示威遊行時的喜劇性格著稱，經典的例子是他曾試圖以肉身的力量舉起五角大廈，他視桃樂絲・戴為嬉皮的先驅。

在美國具有「先知」外號的丹尼爾・貝利根是一位參與時政的神父、神學家、詩人和充滿熱忱的和平主義者。他在二十歲時和桃樂絲・戴的會面在他心中留下不可磨滅的影響。貝利根說：「桃樂絲・戴教我的東西超過所有的神學家教導我的，她做了一些我從未思考過的連結，例如人類的悲慘、貧窮和戰爭之間的連結。她對於神以及神創造的、讓所有的人不虞匱乏的世界充滿信心。」他在一九五二年被任命為神父，曾經與歷史學家霍華・辛（Howard Zinn）一同旅行至北越的河內，從而見證了美軍的轟炸對當地造成的嚴重破壞。他因此控訴「戰爭發起者的罪愆」與「美國的軍事帝國主義」。在一九六八年五月，他與其他七位伙伴到位於馬里蘭州卡頓斯維爾的徵兵局，以自製的汽油彈焚毀了六百份徵兵文件。貝利根在聲明中宣稱：「朋友們，抱歉，我們違反了法律、燒燬了文件，但並不是燒死兒童。」在聯邦調查局的調查與通緝下，貝利根逃難了將近四個月。最後，他在神學家威廉・史特林費羅（William Stringfellow）的家中遭到逮捕，被判處十個月的刑期，並在這個時期登上《時代》雜誌的封面。貝利根在獄中服刑期間，向其耶穌會的同伴們寫道：「除非戰爭的受難者、絕望的窮人、受刑犯與受良心驅使的抵抗者的嚎叫，除非整個世界的尖叫聲都傳入我們的耳裡……，否則什麼都不會改變，包括我們自己。」貝利根說自己的抗議生涯就像「憤慨的愛」。他與禪師之間將有大量的書信往來，兩人並於其中交換對各自宗教傳統的看法，禪師也和貝利根分享自己在越南推行同修社群的經驗。在那裡，比丘尼、作家和藝術家們共用同一張桌子。

瓊・拜雅是舉世知名的民謠作詞人與歌手，她從音樂與政治汲取能量，並將兩者完美結合。自一九五七年起，十六歲的她就以自己的首次公民不服從行動嶄露頭角：在冷戰的高峰期，她拒絕遵守防空演習的規定，離開她在帕羅奧圖高中的課堂，到防空洞避難。這個事件使她遭受當地群眾的處分和排擠，他們將她視為「滲透的共產黨員」。在一九六五年，她在公民運動的示威遊行裡與金恩牧師並肩同行，並高唱《我們一定會勝利》（*We Shall Overcome*），這首歌也成為運動的主題曲。很快地，瓊．拜雅也參與反戰遊行，而她就是在反戰遊行中與一行禪師和高玉芳結識，並成為親近的好友。一九六七年，在華盛頓山舉行了一場反戰演唱會。幾年之後，她也在巴黎的一場為越南孩童舉辦的慈善演唱會裡獻聲。

吉姆．佛瑞斯特是一個無畏、直率而正直的年輕人，他也成為在美國的佛教徒非暴力抗爭的重要支柱。佛瑞斯特曾和海斯勒的女兒蘿拉結婚，並於數年之後離異。佛瑞斯特三十歲時，以天主教徒的背景在海軍的氣象部門服務，之後也擔任了一段時間的記者。在一九六八年，當佛瑞斯特擔任和解委員會的越南小組計畫協調人時，他與其他十三位天主教士撬開了密爾瓦基九間徵兵局的門鎖，從中拿走一部分文件並加以燒燬。他們大部分成員都因此被判處了十三個月的刑期。

吉姆．佛瑞斯特和一行禪師有著多年的交情，也與禪師一起工作，特別是在禪師出版其著作《正念的奇蹟》(*Le Miracle de la pleine conscience*) 100
時。有一次，當佛瑞斯特陪同禪師至密西根大學參與多場演講的其中一場時，兩人站在電梯前等待，電梯的門上懸掛著一個時鐘。這時禪師開口說：「你知道嗎？吉姆，在幾百年前，掛在這上面的不會是時鐘，而是十字架。」「他說的沒錯。這是我們這個世界的聖物：它是那些權力如此強大、以至於不可撤除的東西之一。」佛瑞斯特同意。

對越南學生或隨後加入的美國學生來說，反越戰的和平運動都是這個世界必須改變的世代裡最重要的抗爭，這也挑起了不同世代、種族與性別之間的衝突。年輕人拒絕生活在被父母束縛的世界中。兩次的世界大戰已經引發他們對西方文明的價值和根基的質疑。嬉皮們在烏茲塔克頌揚愛，並且嗜讀赫曼·赫塞的小說《流浪者之歌》，書中主角那難以遏止、亟欲追尋自己內在合一的渴望牽引著其生存的每一個步伐，而和一行禪師其博學而勇於創新的精神產生共鳴：禪師本人也在大約二十年前毫不猶豫地質疑所屬的階層建制的因循守舊。身兼作家、人類學家，同時也是禪師弟子的瓊·哈里法斯(Joan Halifax)便說道：「很少有人聽說過他，但這位宣揚著和解之道，並同時反對參與戰爭的北越、南越及其美國援軍的年輕僧侶深深吸引著我們。」[101]

面對生命的危難，越戰著實令人髮指，人們隱然瞥見了另一種在這個世界生存的方式。這個時刻是一個轉捩點，許多人都很清楚自己已經受夠了，並以激烈的手段反抗戰爭、舊體制和道德框架，而且心憂如焚地冀求不同的東西。然而，他們尚未找到清楚表述這個全新世界的方式，但革新與創造的能量正在暗中醞釀，和平成為一個人們四處標舉的字眼，和平也被證實是一項需要經驗體認與遵從的藝術。

第六章
西方的新良知

在越南，戰火不斷地蔓延，越戰的殘忍畫面則夜夜在西方電視台播送。這些影像發揮了重大的作用，使得年輕一輩逐漸將戰爭視為切身的事：越戰慢慢滲透到人們生活中個人且私密的領域，並成為家人彼此辯論的話題。其暴力也從心理上的觀念化為殘酷的現實。這些影像也對呼籲停火的和平運動帶來了決定性的影響，確實加速多數人對現實的覺醒。

在歐洲和美國，抗議群眾紛紛走上街頭。在德國，這場戰爭則激起公眾輿論的許多論辯。這場文明的戰爭真正的目的為何？美國為什麼遲遲不肯撤軍？看到像越南這樣一個有著豐富的歷史和超過千年文化的小國頑強地抵抗全世界最大的帝國主義強權，奮力捍衛自己的國族特性，這的確是一番歷史性的事件。在法國，人們也替這群徹底繼承法國大革命精神的民族的主權而奮鬥。

隨著時間流逝，戰爭也愈趨殘暴。一九六八年一月，將近三十八萬五千名美國士兵駐紮越南，美軍發起「搜索與殲滅」的進攻行動[102]，絲毫無視一切國際法條的規範，賦予士兵任意行動的權力。美國大兵宣告許多地區都是「自由開火區」，他們被授權得以對一切移動者開火。舉例來說，在湄公河三角洲，直升機組員不論是看見靜止的目標或單純撞見奔跑中的人，都可以進行掃射，就因為他們都有脫逃的嫌疑。這造成了一場瘋狂的屠殺，殺了最多越共戰士的軍人被授予動章，整場戰爭徹底泯滅人性。在戰場上，農民與平民是戰爭裡最大的犧牲者，而來自交戰雙方那不可遏止的復仇欲望也再再餵養了這股毀滅的癲狂，恫嚇民眾成為美軍戰略部門的作戰指標。由於越戰的衝突最終是建立在同盟關係上，東德因而鼓勵其居民捐血給越南的戰士。

當美國士兵處在水深火熱的地獄之時，眾多自稱為和平主義者的美國學生拒絕參與越戰，並以愈加火爆的手段進行抗爭。在美國，情勢險些就要急轉直下釀成內戰，一些年輕人成為武裝的激進分子，也出現了這個國家前所未見的警民激烈對峙的衝突場景，當局於是採取了嚴厲的鎮壓。

惡夢一場

大多數的戰事沿著貫穿越南直到柬埔寨與寮國的胡志明小徑路網地區開打，而此地已經被美軍轟炸了十年，卻一無所獲。數以百計的軍機於是在樹林上傾倒化學物質，試圖把游擊隊員從地道裡趕出來，這項新的戰略逐步壓制了游擊戰的軍力，游擊隊員決定主動發起對南越與西貢政權的總攻擊，他們利用越南春節雙方協議停戰的時機，打得美軍措手不及，節慶的炮竹聲被炸裂的火箭砲所取代。在慘烈的新春攻勢期間，爆發了整場戰爭最為血腥的數場戰役，在此之前，戰線還在鄉野稻田間開展，西貢尚未遭受攻擊。

一行禪師的師父也在戰爭中喪生，在兩軍互相廝殺的城市裡，青年社會服務學校在校園裡收留了一萬一千名難民，高玉芳與清雲禪師確保學校順利運作，多虧了清雲禪師的英勇義舉，學校才避開了士兵與轟炸機的炮擊。他在槍林彈雨之中前去接觸武裝軍隊，請求他們放過這座校園和其中的難民，在這段恐怖的日子裡，有十個嬰兒在學校的營區裡誕生。

美國士兵們驚愕之至，美軍雖然最終仍然是這波新春戰事的贏家，但其形象已經帶給國際輿論極大的心理震盪。有史以來，美軍頭一次不再認為可能獲勝，別具象徵意義地，一支越共的突擊隊也成功突破了美國大使館的壁壘，美軍低估了敵人的能力，而所謂的「骯髒戰爭」於焉展開。

抗爭的規模擴及世界各地，新的抗議運動也在芬蘭、墨西哥、塔斯馬尼亞州、智利與剛果如雨後春筍般出現。在芝加哥，群眾抗議的局面之激烈，如同起義暴動。

實踐和平

一九六八年標誌出反戰和平運動的巔峰，然而禪師在這些和平示威裡並不感到自在，事實上，他認為這些運動極具侵略性。在一次反越戰集會裡，禪師甚至被一位憤慨、認定他不夠基進的年輕人嚴加控訴，也有一些人對於禪師身在美國感到不解。在他們看來，禪師應該在越南對抗美國帝國主義。再一次，他解釋衝突的根源存在於美國，我們如何能在自詡為和平主義者的同時使用暴力呢？對禪師來說，和平不應消解在為了反權威而進行抗議的單一政治姿態之中，和平必須透過生命的徹底體驗。「慈悲與智慧固然是佛教的精義，但如果那是沒有被移轉到生命中的慈悲與智慧的話，我們就不能稱之為慈悲與智慧。」禪師試圖向這些社運人士闡釋。

非暴力之道主張「訴求和平」，首先就意味著實踐和平，如果人們只滿足於為了和平而喝彩，那麼其努力很有可能是徒勞的。就如同殺戮與發動戰爭不是發自人的天性，而是透過特定的訓練和培養所導致的；要使和平在現實中實現，也需要經過一段嚴格的修習。要緊的是以關心和愛在自己的身上培育和平的種籽。逐漸地，禪師先後在美國以及歐洲宣揚這種和平的文化：這不只是一個簡單的詞，也並非一個預設的姿態，而是一種存在的狀態。

也正是透過實踐這樣深刻的洞見，禪師從不覺得自己置身於這場爭端之外，去批判或採取立場，就等於採取置身事外的姿態。然而，禪師則認為衝突的根源是無所不在的，其中包括了我們的思想與生活形態。他明白，在生氣的時候採取行動或發言，可能招致更大的破壞。他也理解並非只有越南人民在受苦受難，被派往越南殺戮或被殺害的美國年輕人也承擔了巨大的苦痛：

「這個認知使我心中充滿了一股希求戰爭能夠終止、而越南人與美國人可以和平共生的深切渴望。這個渴望自此已經變得再清楚不過了，我們只剩下一條路可以走：為了終止這場戰爭而努力。」[103]

一行禪師在其「和解技巧」裡清晰闡明了，在衝突之中並非採取某一方的立場，而是分別去認同「受害者」與「加害者」兩方；這真正服膺了「非二元」的觀點，而唯有如此，才有可能化解衝突並治癒仇恨。那些無法把自己投射在敵人的立場、設身處地了解對方的人，則無法締造和平。因此，一行禪師鼓勵他的弟子們透過呼吸的冥想去感受一個美國人或者一個俄國人所體驗的。重要的是洞察真正的真實、實際的境況。才剛剛脫離青春期就被派駐至越南的美國人突然墜入一連串狂暴、苦難與破壞，個人在其中所有最微小的基準點都被摧毀殆盡，而那傾洩而出的失序暴力從此超出了一切理性與意識形態的理由所能解釋的範圍。

這就是為什麼，一行禪師在每日的禪修裡，同時將心神與悲憫之心貫注在美國大兵以及越南百姓身上，他試圖將世界與戰爭視為我們自己內在暴力的映現：

「當你把炸彈投在你的敵人身上時，你同時也把炸彈投擲在自己身上、投在你自己的國土上。在越戰期間，美國人民和越南人民遭受到同樣巨大的痛苦，對美國與越南來說，戰爭為兩方造成同等慘痛的創傷。」104

一九六八年五月，北越代表團抵達巴黎，他們首先住在魯特西亞飯店，其所在的巴黎第六區正是學生示威運動風起雲湧之處，連在飯店大廳都可以嗅到催淚瓦斯的氣味。列強與越南黨派人士之間的和平協議則同時在巴黎開啟，根據詹森總統任內副司法部長拉姆齊・克拉克（Ramsey Clark）的說法，若沒有數百萬人們所投注的努力，在巴黎的這些談判將永遠不會發生。

第七章

流亡歲月，望向極致

一九六八年四月四日，黑人民權鬥士小馬丁・路德・金恩遭到暗殺，這個消息舉世震驚，身在瑞士的禪師聽聞這個惡耗時，簡直不敢相信自己的耳朵。連續好幾天，他意志消沉，食不下嚥也睡不著覺，他從金恩的死看到美國這個國家的巨大損失。

一九六八年六月，時年四十二歲的一行禪師明白在他能夠重返心愛的祖國之前，他必須保持耐心，因為從今以後，這位禪宗智者將流亡異地，和自己的親人、朋友、學生、僧伽以及所有在此之前構成他生命的一切彼此隔離：「每天晚上，或幾乎每天晚上，我都夢見自己回到家鄉。我在大半夜從夢中醒來，而只是再度悲傷地面對自己處於流亡的現實……這裡的一切都和我們在越南所知道的如此迥異。」[105]尤有甚者，所有以禪師之名和在越南的同伴的聯繫都可能使越南的同伴身陷險境。共產黨人甚至視禪師與高玉芳為美國中情局的探員。禪師明白：置身異國意謂著一切都必須從零開始，禪師在所有這些壓力和內在騷動的影響下，感到虛弱而疲憊，他試圖找尋返回越南的方式，但青年社會服務學校的成員們懇請他切勿做任何嘗試。

在西貢，高玉芳的種種政治與社會行動使她遭受愈來愈大的性命威脅。在一個由她發動、籲請於越南新年期間停火三天的請願書發起之後，她險些入獄。而當解放陣線的軍隊撕毀停戰協議而進攻南越的軍隊時，她則被懷疑與其游擊隊共謀。再一次，她的自由全憑一己的良心、真誠、勇氣與悲憫，這使她得以在這個極端敏感的戰爭情勢裡，和一些宰制這片領土的新主人斡旋。

一行禪師前往香港，打算在那裡和高玉芳會面，高玉芳因而決定從越南抽身數天，能與師父共度時光總令她欣喜。在經過層層官僚體系的緩慢作業後，她終於成功取得簽證。禪師希望高玉芳能以助手的身分直接和他共事。

禪師接觸了最近兩年都在戰亂深處度過的高玉芳之後，越南似乎也在他的心中復甦了。高玉芳見證了血淋淋的戰爭，確立起一行禪師這番志業的合理性：他希望持續為生活在槍林彈雨下的農村文盲傳遞不偏不倚的訊息。高玉芳的聲音迴異於來自不同陣營的知識論述，具有高度的可信度。此外，她也很擅長尋求資金，而這是發展社會事務不可或缺的工作。高玉芳經過一段時間的考慮之後，終於接受一行禪師的提議，確信在越南以外為貧苦無依的人付出終將比繼續冒著生命危險留在國內更有益處，而她在國內推廣和平的活動甚至引起一些佛教伙伴的非難。她在香港延長簽證，並在一九六八年十二月二十九日從法國大使館取得簽證，不久後即飛往法國。

流放者的處境

對於那些雙腳行走在異國土地上的人來說，會清楚感覺到自己雖然存在於這世界，但卻並未與之相繫。在某一個時期，流亡與放逐曾經是人們所承受的最悲慘的懲罰。的確如此，有什麼比遠離自己的生活環境、形塑並建構我們的存在的語言來得更艱苦的？流放的狀態迫使人們走向社會的邊緣、走向漂泊，最終拋棄自己的世界，成為他人世界裡的移居者，也消除我們的座標，一切寓所只是臨時的避風港，以至於在表象之外、在接受的面紗底下，暗中潛藏在流放中的力量往往都是毀滅性的。

無常與放下我執的哲學是佛學中的根本思想。對人事物過分偏執，這無異於自限在一個狹窄的範圍裡，依循著開始與終結，始於生成、繼而毀滅，總括而言，這也就是有限生命的世界；畢竟這番偏執並非構成超越界域的元素。然而，在種種現象底下還存在著另一番真實，既無死亡、亦無恐懼，在其中，眼光可以洞識萬事萬物的終極現實。一行禪師的生命就是在這樣的界域裡開展。

「從你能夠深刻地碰觸自己以及他人的那一刻起，你就碰觸到了另一個維度，那終極真實的維度。」106

必須通過重重考驗，才能孕育出最美、最成熟的靈魂實現。流亡的歲月迫使禪師將目光轉向自身，從中汲取一切能延續其生存的資源。禪師將這番深層與恆定的觀照稱為「內在覺知」。

禪師實踐自我的歸返，這協助他在陌生的環境持續補充能量，同時每天透過心靈聯繫所有他認識的人。因此，想在自己的身分被深層否定之下存活，只有一個辦法：深深浸入一切仍留存在……自身的東西。

從此以後，禪師無論去哪裡，都像在自己家裡一樣自在，因為他的性靈深刻透入佛教的修習，使他每天都體悟到：只要保持信仰，永不喪失希望，真正的寓所就存在於自身，如同一個內在的避風港一般。禪師於是明白，透過歸返到自身，則不論身在何方，都有可能重新找到故鄉：

「我領悟到……佛陀的淨土，那真正和平的所在，有賴我們將自己對此時此刻圍繞在生活周遭的一切奇蹟開放的能力。從自身汲取力量及勇氣來修復戰爭和暴力帶來的破壞是可能的，那是有可能的，行動與否都取決在我們自己。然而一旦放棄，我們就陷入絕望的深淵，沒有任何東西能將

> 我們逐出真正和平的所在……」[107]

這樣的信念存在於某些人身上，他們的道法乃是驅散世俗的幻象；他們的面容持續朝向光明，目光望向極致，如此地存在著。一行禪師體悟到一股超越其現世生命的意念之流的深刻性靈貫通。在這陣漩渦般的迷霧之中，不左顧右盼，也不奔波，他自身即是一個和平的支點。

巴黎的波西米亞人

在一九六九年，一群由一行禪師與高玉芳師姐帶領、來自越南統一佛教會和平代表團的學生加入在首都舉行的和平協商。他們不被准許直接與會，主要參與的代表團來自越南民主共和國（北越的共產主義政權）、越南共和國（南越的國族主義政權）與河內政權的盟友——民族解放陣線（大多數成員為南越的異議分子）。中華人民共和國、蘇聯、法國與英國則是協商的協辦國。

同一年的六月八日，一些與一行禪師保有聯繫的學生決定舉辦一場國際和平研討會。儘管法國外交部長對此事持保留態度，會議仍在楓丹白露舉行，並有數百位人士參與其中。前一天，他們還舉辦了一場佛教儀式，伴隨著擊鼓鳴鐘，五百位越南佛教僧人齊聲吟唱禪師撰寫的一首和平禱詞，使觀眾感動落淚：

「母親們哭泣至淚乾
她們的孩子在遠方的戰場腐朽
這國家的美麗已消逝，只流下血與淚
請憐憫我們的苦痛
我們的土地已浴火二十年
它被撕裂，充斥著淚
血、與青年和老人的骸骨……」

一九七〇年，一行禪師在法國取得政治庇護，儘管禪師在美國收到了無數的邀請，但始終無法下定決心定居在這個深深牽連於越戰之中的國家。他最終選擇了法國這個人權之國，並於當地取得了居留權。

此時，禪師正從事新一波的巡迴，以促使人們及其領導者通往協商和平之路，並終止撕裂越南的軍事衝突。加之，法語對他而言並不是一個陌生的語言，畢竟他的童年就是在法國殖民統治下度過的。來自越南的阮黃英陪同禪師進行各項行程。

由此展開了一段非凡的時期。法國此時仍處於六八年五月學運的反抗餘波之中，這令人對自己的土地和許多其他國家的情勢都有所覺察。從各大學院校內部形成了一場抗爭運動，旨在反對高等教育的失靈以及消費的社會，而且也反對越戰！數以千計的示威群眾走上街頭，對抗警察的暴行，超過一千萬名罷工者使全國陷入癱瘓，迫使權力產生鬆動，而這尤其成為一個尋求解放的社會之象徵——其公民所帶來的震蕩將在未來數十年間帶著神話性的色彩。

禪師和高玉芳在位於巴黎第十八區的金滴街十一號六樓的一間狹小辦公室設立了一個會議室，以接見來自四方的訪客：關注並且支持越南的記者、在職人士和學生。兩人努力發出一種不分黨派的聲音，冀望能替大多數直接在戰爭下犧牲的越南人民代言。他們也透過一份同時用英文、法文及越南文書寫的報紙《蓮花報》，讓成千上萬的人持續了解越南的情勢。禪師與高玉芳便如此地在身邊創造出一個包含了數千名真誠志工的人際網絡。

在這個期間，禪師抵達巴黎後的幾個月裡，他以講師和研究員的身分，每週在索邦大學講授兩堂佛教歷史課，並在高等研究應用學院授課。愛思文·貝絲特（Ethelwyn Best）這位七十八歲卻仍充滿活力的英國女子也加入他們的行列。他們一行人都住在巴黎近郊索城的同一條路上。

為洗碗而洗碗

禪師一行人經常接待許多前來協助的志工。有一次，在禪師等人從機場乘車返回的途中，一位美國女志工表明她多麼高興身為一個素食者，以及加入一個如此提倡茹素的社群對她來說又是何等的幸福。幾分鐘之後，禪師請高玉芳師姐停車，她照做了，禪師便下車前往一攤肉販，回來的時候，手中提著雞肉，而且當天晚餐就在索城公寓吃掉。這可能是人們唯一一次看到禪師吃肉。

吉姆．佛瑞斯特經常前來和禪師以及這個越南小群體共度時光，他與禪師相處的經驗是建立在日常的節奏和無數的工作上。「我有時會想起，在一九七〇年代初期，我在巴黎郊區的一間狹窄公寓和越南朋友們共度的一個夜晚。這個社群的核心是一行禪師這位老師。他們在客廳進行著一場很有趣的討論，但那晚，我的任務卻是洗碗。在這個只有壁櫥一般大的廚房裡，堆滿水槽、流理台的平底鍋、煎鍋與碗盤，感覺好像已經疊到天花板。我十分惱怒，我自己被夾在無數的骯髒碗盤之間，於此同時，卻有一場重大的對談正在展開，超出我的範圍與聽覺之外。一行禪師以某種方式，必定是察覺了我的惱怒，突然間，他就站在我的身邊，問我說：『吉姆，什麼是洗碗最好的方法？』我知道自己突然面臨到許多棘手的禪學大哉問之一。我試著思考什麼會是一個恰當的禪式回答，但所有我能想到的只有：『你必須為了清潔碗盤而洗碗。』『不。』一行禪師點出：『你必須為了洗碗而洗碗。』我可能需要花好幾十年來反覆思索這個回答的意義，但他接著說的話則立刻讓人受用：『你必須像洗嬰孩耶穌一般地洗每一個碗盤。』這句話像閃電一般，儘管大多數時候，我洗碗只是為了把碗清洗乾淨，但也會出現像這樣注意力敏銳的時刻：如同我正照料著嬰孩耶穌那樣。當這樣的時刻來臨，我會有一種在經歷了漫漫長路後，終於抵達至福顛峰的感覺。」

有一天，一位德國記者現身在越南代表團辦公室所在的街區，高玉芳師姐和他進行了為時三小時的訪談，這位記者認為金滴路的辦公室過於簡陋，他以這樣的辦公室可能使他們名譽掃地為由，建議選擇一個更宜人的場所來接待訪客，禪師與高玉芳師姐雖然有些氣惱，但終究採納了他的建議。他們決定在勇博士（音譯）位於索城以越南繪畫裝飾的豪華公寓接待記者與其他官方代表團，摯友與同伴的會面則依舊在金滴路的辦公室。

每一天都有新消息從越南傳來，而且往往令人氣餒：一些求救的呼喊或關於政權強取豪奪的證言。

要在這樣的情況之下保持沉穩平靜，是分秒備受考驗的工夫，禪師支撐著深受這些消息影響的高玉芳。許多夜晚，她都徹夜在電話旁度過，與逃離祖國的越南人磋商許久。

一行禪師在巴黎的新生活裡，儘管肩負重任，但仍然在破曉時刻，與承載自身的大地重新相連，用意識覺察自己的呼吸，並細細品嘗天空無暇的藍；接著，他的整體存在即充盈著一股無限的感激之情，一片純淨的天空景色就足以洗滌心神。生命令人讚嘆，而禪師從很早以前就選定了自己的陣營，除了這方淨土，他的靈魂再也不可能被帶往他處。人們彼此撕裂，爭鬥與暴力總使人們愈加遠離自己，他們忘了生命的本質是愛，而且每個人心裡都藏著一份被稱為「佛性」的無限善意。缺乏了這純粹善心的能量，則不可能產生任何創造，因此，禪師必須珍惜生命、守護最脆弱不堪的人、為無人願意傾聽的人代言，並且保護自然，然後每天透過自然去認識生命的美好。去認識，不就是去愛嗎？

第八章
環保的呼聲

來自越南的消息向一行禪師和代表團成員揭示戰爭如何將自然摧殘殆盡。一九七〇年，越南古芝區的地景已經面目全非，無論是植被、動物還是人類，一切生靈都不復存在，只剩下地表上的一片「無人之地」，以及地底下一連串縱橫交錯、深達地下十公尺的彈坑，美軍的確打贏了地下游擊隊，取得決定性的勝利，但所付出的代價何其昂貴。

禪師和艾弗瑞德．海斯勒、愛思文．貝絲特、志工桃樂絲（Dorothy Murphy）及高玉芳師姐共同構思了一項保護環境的計畫，當時人們還鮮少觸及環境議題，這個計畫更是格外創新。的確，戰爭不僅奪走了人類的性命，大自然也付出了極為慘痛的代價，這群人花了許多時間構思這項計畫。

計畫的名稱*Dai Dong*在越南文意指「大同」，提倡超越國籍與意識形態的分野，以創造一個真正的人類共同體。他們也創作了一面由花朵和小孩的面貌構成的旗幟。「大同」計畫是由國際和解運動所資助，並在法國東南部的芒通（Menton）舉行了一場集會。高玉芳向一群由科學家組成的聽眾闡述戰爭如何摧毀了自然。很遺憾地，一場總體戰可能導致地球上所有物種滅絕的觀點已不再是純屬虛構。「芒通公報」是一項傳播給各國政府的生態保護的呼籲，集結全球逾五千名舉足輕重的科學家共同簽署，其中包括尚・侯斯同（Jean Rostand）、保羅・埃利希（Paul Ehrlich）以及勒內・杜蒙（René Dumont）。這份連署將繼而提交給聯合國的祕書長。

這些簽署人並不以宗教價值為號召，而是將自己的身分界定為「生物學家及生態學者」。他們的主張奠基於這項評斷：環境問題的擴大很可能危及地球上所有的生命，環境的惡化逐漸影響到整個世界，像是民用核能等新科技的應用忽略了隨之而來的嚴重後果，整個情勢都令人惴惴不安。這些學者所掛慮的第一點首先牽涉到生物的領域：科技徹底顛覆了生命的精密微妙，有限的自然資源一點一滴地被消耗殆盡。再者，工業社會浪費了絕大部分的自然資源，而且其中有許多都是無法再生的。在這樣的情形之下，科學家也擔憂連地球的空間都可能不敷使用。總之，不能再讓人口以目前的速率持續增長。最後，戰爭則是他們顧慮的最後一個議題。

「芒通公報」的簽署者於是希望把用於軍備與征服太空的經濟資源轉而用在有助於人類存續的研究，俾使這些研究在國際間的實際範圍發生效用。「公報」針對不久後的將來，提出包含三個步驟的措施：首先「延後實施後果無法預知的科技革新」，然後「將現有的污染控制技術應用在能源的生產和整體的工業」，最後並透過逐步解除各國的軍武，找到「廢止戰爭之道」。

這份國際聲明對後世所帶來的影響至關重要，也明確地揭示戰爭、環境破壞與貧窮之間的關聯。自一九七一年起，法國便出現了數起支持自然保育的倡議，如喬治．克拉索夫基（Georges Krassovsky）的《人類存續宣言》（Manifeste pour la survie de l'homme），或聯合了眾多環保團體共同起草的《自然憲章》（Charte de la nature）。在隔年一九七二年的六月，聯合國在斯德哥爾摩舉辦了一場關於環境的會議[108]。

越戰是一場化學戰爭，數百萬公升的落葉劑傾倒在田野上，面對如此荒謬、顯然缺乏良知而且最終破壞生靈的景象，我們知道那需要多大的內在力量和光亮，才不致墮入虛無主義的毀滅深淵。似乎只有內在的光亮，才能持續照亮最悲慘的景況。一行禪師與艾弗瑞德．海斯勒下定決心將那股憤怒轉化成一項積極而具有建設性的計畫。

一行禪師的生態意識是建立在《金剛經》的一則訓示上。他認為一個為環保而努力的人能夠屏除錯誤的見解，尤其能夠從作為和眾生分離的「自我」的觀念中覺醒。「宇宙中沒有任何一個現象是和我們無關的。拯救我們的地球就是拯救我們自己、拯救我們的子子孫孫。」[109]他說。

禪師和高玉芳師姐在艾弗瑞德．海斯勒的支持下，連同國際反思越南委員會於一九七一年底發起了一項名稱為「立刻停止殺戮」的活動。在此期間，他們也和全歐洲的許多基督教團體建立深厚的聯繫，而禪師則發現自己無意間稱呼他們為「菩薩」。

在一九七二年，禪師參加一場由普世教會協會於日內瓦舉辦的會議，協會的代表里歐波・尼勒斯（Léopold Niilus）牧師主張普世教會協會僅只援助受壓迫的人，並且將美國比喻為在路邊強暴一名年輕女子的一幫匪徒，越南就是那名女子。禪師以無限的溫柔回應這個說法：

「誰才是越戰裡的壞人？對我來說，真正的匪徒是那些安坐在白宮、克林姆林宮與紫禁城裡的人，他們提供武器與意識形態，向大眾隱瞞真相，同時下令徵召年輕人，這些年輕人則葬送了性命。對我們來說，那些被強暴的年輕女子不僅僅只是無辜且無聲的農民，同時也是在越南交戰雙方的士兵，以及對越南的歷史和現實一無所知的美國軍人。我們希望你們大家能更深入地看清越南的處境。」110

在這些社會運動的年歲裡，一行禪師的角色向來低調，他時常託付高玉芳師姐與當權者磋商，並規劃救援行動、差旅和會晤。禪師主要是作為啟迪者，提供精神食糧來支持身邊的人。在以正念覺知啜飲一杯茶的時間裡，每一個人都可以領受到他那帶著強烈悲憫心的專注聆聽，他夾雜著幽深沉默的話語也總是一語中的。

從一九七一年到一九七三年間，於巴黎展開了終止戰爭的最後協商。高玉芳師姐和禪師持續在那裡進行為越南孤兒服務的社會行動，並在這些孩童及其捐助者之間建立了一套認養系統。禪師從閱讀和翻譯這些來自越南家庭的率真信件中，得到了極大的樂趣。多虧一些法國藝人的協助，當地也舉行了多場公益演唱會，其收益全部用於資助越南孩童，艾弗瑞德·海斯勒的女兒蘿拉·海斯勒和吉姆·佛瑞斯特從旁協助高玉芳師姐。蘿拉和吉姆不論是對高玉芳師姐或其他越南志工的意見都悉心聆聽，其體貼的程度也令高玉芳師姐歡喜。海斯勒一家人與一行禪師的小社群之間從而建立起持久不渝的關係。

憤怒的炸彈

一九七二年十月，南越政權的阮文紹總統拒絕簽署一項明令所有美軍部隊從南越撤軍的協定，尼克森與季辛吉於是做出一項震驚世界、使越南人民完全措手不及的致命決定：於聖誕節轟炸河內及海防。從一九七二年的聖誕節至新年期間，一波接著一波的B52轟炸機連續十二日夜轟炸這個區域。河內火車站、瑞典白梅醫院和許多寺廟及教堂無一不受到炸彈猛攻，超過一千六百名平民因而喪命。這項攻擊行動的目的是在協商裡爭取有利的位置。

一行禪師吐露這些轟炸使他感到何等悲痛，而且毫不掩飾其內心被挑起的怒火。憤怒之所以存在，就表示其來有自，試圖逃避或強行壓制都是徒勞的。相反地，憤怒，事實上是我們自身亟需關照的一個部分，如此才可能得到轉化。禪師以正念去感知在鄰近鄉野間的漫長散步，這使他得以化悲憤為和平的力量。漸漸地，禪師的怒火逐漸消退，他的心轉而被悲傷的情緒占據，其悲傷源自幾個不同的原因。

在美國，人們持續透過和平運動推進和平志業。如果在四年前，許多和平主義者都還對佛教徒所提倡的第三條路抱有真誠的興趣，情況如今已經改觀：提倡交戰雙方立即停火的一行禪師已經無法認同當前主流的和平主義。這些對局面態勢忿恨不平的和平運動者只要求美軍勢力單方面的撤軍，並擁戴河內政權的勝利。這將導致美國直接且徹底的失敗。對一行禪師來說，單方面妥協並不是一個解決方案，因為讓其中一方獲勝，就等於認同戰爭是合理的；接受雙方陣營之一的一部分暴力，意味著否定那些在炮火下生存的人承受的命運。另一方面，禪師很清楚北越共產政權的勝利並不會終止苦難，情況正好相反，一些證言已經揭露了共產黨人如何殘酷地對待那些不是自己人的居民。

人們舉辦了盛大的反戰集結，但越南佛教徒的和平代表團卻沒有受到邀請，然而這些出家眾在越南則是特別積極反戰的。和平運動的領導人不願意給他們話語權，也拒絕讓一行禪師發聲，因為他的「政治立場令人無法接受」，有些人甚至將他視為中情局下轄的卒子。

關於美國的和平運動者，高玉芳師姐在其回憶錄裡寫道：「這些人是如此確信自己了解在越南發生的一切，以至於他們無法再敞開心胸，用另一種方式看待現實。」禪師所追求的是和平的徹底勝利，而不是表面的解答。美國的和平運動選擇對佛教徒的行動視而不見，而眾多佛教徒甚至都睡在監獄中。在這個時刻，一行禪師決定選擇沉默的道路，明智地等待有朝一日將能道出真理。然而，這些事件仍深深動搖了他的士氣。

一九七二年六月，聯合國於斯德哥爾摩舉辦一場關於環境的會議。然而，禪師和高玉芳師姐則獲悉好友清雲法師——自禪師流亡以來的青年社會學校領導人——被酒醉的美國士兵駕駛的軍用卡車撞死，因而興致全消。在法師的喪禮上，社會學校的志工學生發表了一篇簡短的演說，在其中表示他們並不怪罪任何人。「清雲法師將生命奉獻給了愛和慷慨，他的死也應當如此。」[111]禪師和高玉芳師姐因喪失摯友而悲痛不已，對他們來說，清雲法師甚至比親兄弟還親。

越戰總共讓三百萬個越南人與五萬七千個美國人犧牲性命。

停戰

如果越南的大地仍然處在烽火連天的混亂與風暴下，在不受炮火侵襲的巴黎則展開激烈且策略性的外交談判。美國承諾在六十天之內從越南撤出軍隊，北越則承諾釋放他們的美軍俘虜。最終，雙方在一九七三年一月二十七日簽署了停戰協定。此時，一行禪師正在曼谷與兩位從前的伙伴善明法師和玄光法師祕密會面。他一聽聞停戰的消息，就在紙上為這剛剛屆臨的和平寫下美麗的詩；他並在詩中以「開著花的梅枝」來追憶一枝梅[112]，那位在一九六七年自焚的年輕比丘尼。禪師也收到了艾弗瑞德・海斯勒傳來的祝賀電報。

這番協定的主要磋商者包括尼克森的特別顧問亨利・季辛吉以及北越的代表黎德壽，他們在最嚴密的保護下，於法國的伊維特河畔吉夫晤面多次，兩人也將在一九七三年獲得諾貝爾和平獎的報償，然而黎德壽卻拒絕受獎，因為他認為戰爭尚未結束。事實上，共產黨與親美政權之間的戰爭的確仍持續著，一直要等到西貢陷落以及越南在一九七五年於共產政權下統一後，才得以告終。

一九七三年三月，一行禪師與其他僧人在曼谷集結，向統一佛教會主席與在越南的出家眾提出一項請求：「我們希望你們可以一週花幾天陪伴那些受到戰爭重創的孩童與孤兒們。」[113]在接下來的兩年之中，陸續成立三百多間照護中心。

這些新近的鼓勵再度點燃禪師重見越南的希望。統一佛教會的所在地印光寺，也以一行禪師之名向越南當局提出簽證申請。禪師為了達成申請，也尋求艾弗瑞德．海斯勒與和解委員會一些成員的協助。起初，海斯勒因為擔憂這位越南朋友的性命，並不贊同這項計畫，他還指出禪師若繼續留在國外工作，將更有助益。然而，禪師想重回越南的渴望實在太強烈了，海斯勒於是最後仍同意助一臂之力。結果，儘管海斯勒在外交上投注多番努力，仍然要等到數十年之後，這份簽證才被批准……

比一千克拉的鑽石更稀罕

一行禪師在周遊列國、從事人道事業的期間，在法國香檳省、臨近特魯瓦的豐特瓦內區的一間溫暖鄉下小屋找到了安身之處。他剛買下這間房子時，幾乎不宜人居。在眾多朋友努力協助修繕之下，總算成為一個住起來舒適的所在。室內覆蓋著越南式的布簾、竹蓆與地毯。其中一間房間看起來就像一間印刷室，房內充斥無數的紙張和禪師的打字機，包圍著隨意散置、盛著漿糊的老舊容器。他們將這個社群命名為「甜番薯」，這是越南貧困階級的一種主食。之所以採用這個名稱，是希望貼近農民生活的現實。

在「甜番薯」社群，一行禪師可以盡情沉浸在他如此熱愛的園藝生活裡。我們不難在清晨一點鐘，看見禪師在一片月光的照耀下，手提著澆水壺，獨自置身在種滿蕃茄和萵苣的苗圃之間。

禪師、年輕泰國女子蘇達拉（Sudarat）和在週五晚上從巴黎來到此地的高玉芳所居住的這個社群抱持著特有的樂觀和希望，令來訪賓客印象深刻。吉姆·佛瑞斯特在「甜番薯」住過一段時間。「有一晚，在一天漫長的工作結束後，我們只有一支蠟燭可供照明。蘿拉一邊彈著吉他，一邊無比輕柔地唱著情歌，那聽起來就像風鈴的聲音。有一回，她說起一隻熊自冬眠裡甦醒，驚訝地發現自己置身於一間工廠的故事。她開始說：『從前從前，我想是在一個星期四……』聽著她的故事，我們都在黑暗中平躺在地上，好像重回孩提時光一樣。」[114]

佛瑞斯特在寫給同伴的一封信裡，描述一種「比一千克拉的鑽石更稀罕的東西」如何充滿整個社群：一股足以移山的信仰。就是這同樣的信仰讓幾年前的高玉芳足以自信地踏遍戰區，而大多數的志工卻在聽到子彈呼嘯而過時，無不驚惶失措。對吉姆來說，信仰是和平運動裡極端欠缺的一種素質，因為這些社運團體太常從壞消息和憤怒中汲取能量，以致於最終非但沒有轉化憤怒，反倒助長憤怒。在他看來，唯有往社群裡每天投入數次的冥想實踐中探尋，才可能發現使每個人妥善發揮工作能力、創造極佳工作效率卻又不犧牲社群人際關係和創造力的祕密。

社群的夜晚在十點三十分、圍繞著一杯茶的分享時刻作結。這樣充滿人性溫暖的時刻讓人重拾能量，腦中不再有思想，只充盈著對當下的覺知。事實上，藉助於冥想，個人的能量每一天都得到更新。這樣再生的過程提供他們克服難關的力量。如果他們所做的是往後看，讓越南的悲慘消息縈繞心頭，其行動必然深深受挫。然而「甜番薯」社群成員則把目光投向自身的內在，其中存在著基於能量而燃燒的心。十一點整，成員們吹熄蠟燭。

於是這裡成為人數持續增加的社群集會中心以及朝聖之地。每一天，所有的客人會在禪師的帶領下，沉默地列隊出行一回。在隊伍出發前，禪師會提出幾點建議：緩慢行走、覺察呼吸，同時也覺察到自己的每一步，因為腳和大地接觸的每個瞬間都像一次和平的祈禱。受邀的來賓排成一列縱隊，緩慢地移行，深刻地感知土地與草葉的質地、空氣的味道、葉片在樹木上的動靜，以及昆蟲與小鳥發出的聲音。參與過幾次步行的吉姆．佛瑞斯特說，自己在當時想起耶穌的話語：「你們必須像孩子一樣，才得以進入天國。」在這專注的行進之中，個人彷彿回到童年的高度警醒狀態。此外，禪師的第一本關於冥想的英文著作的原始標題就是《行走在大地是一個奇蹟》。

禪師與其親密友伴所寫的格外優美的詩句被譜成歌曲，並由社群成員吟唱。乍看之下，在接現同修裡一直是核心活動的這項實踐可能顯得十分天真。然而，這帶出的是從來不曾離開過高玉芳師姐、禪師與越南這個國家詩意的底蘊，實際的吟唱活動也由此揭示了一個深刻的精神維度。

拯救難民

伴隨著一九七五年四月的越戰終結，與一九七六年七月二日在北越共產主義政權下正式達成的國家統一，南越劇烈的政治變革也引發一波波前往法國、歐洲、北美洲以及澳洲各國的移民潮。在一九七六至一九七七年間，一行禪師於暹羅灣籌組了救援行動，幫助來自越南、柬埔寨與寮國，搭乘拼裝船逃離戰場的難民，他們也因此被稱為「船民」。

一九七六年十二月，當禪師在新加坡參與一場世界宗教和平會議時，幾位越南女性前來見他，向他透露：她們付錢雇了幾艘漁船，並小心翼翼地護送船隻前往法國以及美國大使館，試圖藉此拯救難民。然而現在卻有九個人面臨被扔到海裡的危險，她們希望禪師能為其作見證。

禪師受到極大的震撼。他於是在世界宗教和平會議的聽眾前，朗誦了一首標題為《給飯阪良明教授》(Au professeur Yoshiaki Isaka)的詩。這首極為優美的詩後來也在西方媒體廣為傳布，以下是其中一段的節錄：

「我的兄弟們，今晚你們徹夜未眠，
因為那些船民
在高高的海上
不確定人性是否存在。
他們的孤獨
深邃無盡。
再也分不清黑暗與海洋
——而海洋是一片廣袤的沙漠。」

禪師無畏地著手接洽相關單位，傳達關於船民的遭遇。他不顧難民試圖登陸的泰國、馬來西亞、印尼、新加坡及香港的反對，仍計畫租借一艘大船，以拯救倖存的船民，高玉芳則試圖籌措資金，他們的行動抵觸了聯合國難民署的政策。事實上，他們使相關的亞洲國家的難民收容政策規章以及難民抵達的最終目的地——大多是歐洲，尤其是法國——的問題檯面化。

相關的協商十分棘手，而一些船民抵達新加坡，和禪師及高玉芳在他們當地的公寓重逢，這些行動實際上遊走在法律邊緣。然而一行禪師似乎始終對隱藏在官方名義和正式服裝背後的根本善意充滿信心。必須抉擇的時刻來臨，因為伴隨嚴重的政治後果而益加艱困，一行禪師與高玉芳有時會連續幾天把時間用在步行、冥想與重振能量。在那些時刻，讓他們得以繼續的確切想法和遣詞浮現腦海，他們最終獲得了駐新加坡的法國大使館支持，大使館同意提供庇護。

與船民的接觸讓禪師重新回想起自己大約十年前在戰爭中經歷過的殘酷現實。在援助難民的過程裡，他從他們的口中得知其苦痛和恐懼，例如有一次，人們向他講述一個年僅二十歲的女孩在被海盜強暴後，寧可投海自盡的故事。

禪師深受這個故事撼動，於是著手他「自身的移轉工作」。他對女孩和海盜都同樣採取設身處地的態度，試圖理解這些男人如何能做出這般的行為。是悲慘的生活、缺乏教育以及無知驅使他們施暴嗎？禪師的答案是肯定的。他自問：如果我在類似的環境中成長，會做出什麼樣的舉動？他是「接現同修」的創辦人，假如是整個社會間接促成了這樣的暴行，那麼其中的每一分子都負有自己的那份責任。擾亂這個世界的暴力反映出人類的集體意識。

禪師在一九八二年所寫的詩〈請以種種真實之名呼喚我〉中，描述這番經驗：「我是那個十二歲的小女孩，搭上一艘脆弱的小船，在被一個海盜強暴後投身大海，而我也是那個海盜，我的心還無法去看和去愛。」

一九七七年，難民潮人數激增，促使法國政府在日內瓦召開一場會議。此時，全世界的眼光終於投向船民身上，一行禪師與他的代表團的任務也終告完成。

第九章

從越南到多爾多涅：僧伽的故事

「我還記得最後一次見到金恩博士時，我們曾提到要創立一個社群。很不幸地，小馬丁．路德．金恩不久之後就遭到暗殺，而我自己則立下誓願：即使在流放之中，我仍會加倍努力，奉獻自己的一切精力，去創造我們提過的這個心愛的社群。」流亡的一行禪師如此說道[115]。

禪師在接下來的五年，也就是一九七八年到一九八二年之間，將待在避靜住所的大部分時間都奉獻給禪修、書寫和接待前來鼓勵他的和平之道的訪客，並從這裡為全世界的戰爭難民不斷地提供援助，這番救援一直持續到一九九二年，因為一行禪師被剝奪了返國的權利，他於是在西方世界繼續為越南的和平與自由而奮鬥，他如此地持續踐履佛法，並和他人分享：必須將怨恨、無知與憤怒從人的心底深處拔除，才能創建一個和平的世界。

在一九八〇至一九九〇年間，禪師和伙伴們設計了一系列以西方人為對象的修行與教誨，以期發展並培育他們面對不正義情勢時提出新穎、有創意而非暴力的回應能力，而這一切則是透過以慈悲之心面對當代世界的種種挑戰，並鼓勵人們將暴力轉化為正念。禪師愈加頻繁地向公眾進行宣揚，並且教誨不輟。

此時，一九八二年，禪師生命裡的一個嶄新階段：他從此在全世界的聲譽日隆。

梅村

聲名遠播的一行禪師也吸引了愈來愈多友好者前往「甜番薯」，現在的社群於是再也不敷所有亟欲接受禪宗佛教教誨或受正念善行啟迪的人的需求了。接待人數三十位的團體已經是極限，其旅居時間也往往必須被限縮到一週之內，好讓位給下一團的成員。

始終受到高玉芳忠誠地從旁協助的禪師了解到：他必須找一個更大的地方，才能回應如今來自各國的人對見習與教誨的大量需求。

很自然地，他將搜尋的目光投向法國南部，那裡氣候溫暖，而且適宜越南作物生長，例如某些香草或苦瓜。他因而想尋找一個狀態良好的農場，其中具有足夠的空間，足以開設一個更大的集會和避靜空間。

禪師和高玉芳在前往普羅旺斯途中，因為受不了強烈的密斯特拉風，很快就感到氣餒，他們因而轉往西方前進，朝向土魯斯及波爾多的方向，那個區域比較不受捉摸不定的風候所影響。他們走遍鄉野，翻閱當地的報紙，以尋求一筆好的交易，也參觀了數間廢棄的農莊，最重要的是找到一個和他們靈魂深處渴望共鳴的地方。

在多爾多涅省的泰奈克，禪師似乎在一塊周圍被岩崗環繞、種著葡萄的八公頃土地上找到了他所尋覓的地方，那裡佇立著三間具有百年歷史、從前用於豢養家畜的農舍。他們還接著造訪了十幾間農場，然而，即使在一場冰雹暴雨摧毀了農莊的葡萄園後，禪師和高玉芳最終仍選擇了那座位於泰奈克的農莊。

青年社會服務學校的最近一任祕書長黎元茗和家人抵達法國之後不久，立刻就想加入社群創建的計畫，並打算也在那附近購買一間農場。他找到了一座臨近禪師的農場，此外，他還在三公里遠的地方找到另外一塊附有五間房舍的二十一公頃土地，他立刻以禪師社群的名義購買，許多朋友與信眾都為購買土地提供了金援。

位於泰奈克的農場從此被稱作上村，而位於盧貝-貝爾奈克（Loubès-Bernac）的農場則被稱為下村，兩個村莊以越南語合稱為*Làng Hồng*（意指「柿子村」）[116]。

禪師希望讓這座村莊成為一個「社會工作者的避風港」。當然，修復這些建造已超過兩百年的房子，需要投入大量的努力。

一九八一年，禪師邀請一起在西方修行和學習的一些凡俗或修道的學生加入，並著手舉行一場傳戒儀式，已有十五年之久沒有舉辦受戒儀式了。很快地，村莊就足以接納新成員的加入，其中包括最近才順利踏上法國國土的難民們。「甜番薯」社群則在一九八二年的秋天遷入，所有的人很快地發現這個地方是多麼理想：那裡四季如春，是設立佛法中心的絕佳地點。禪師請大家拔除當地的葡萄藤，以種植一千兩百五十株的梅樹，一千兩百五十是一個神聖的數字。梅子出產和販售成為村莊穩定的經濟來源，其中一部分收入則用於資助社會服務工作。

鎖國的越南

隨著禪師與這個社群在法國落地生根，回歸越南的夢想變得愈來愈渺茫。在越南，自一九七五年起，獲勝的政權逐漸暴露其獨裁的面目。彷彿因為越南在這數十年間飽受外國入侵的磨難，而今他們對內封閉起來。那是一個以暴力維持的孤立狀態。當權者厲行高壓統治，除了針對知識界及藝術圈之外，工程師與醫師們也慘遭逮捕、酷刑及監禁。恐懼與猜忌不但未能從人們的心底消失，反而變本加厲。知識分子都被遣送到「再教育營」。

在經過長達十五年的戰爭蹂躪，越南的土地在此期間承受了七百萬噸的炸彈，比第二次大戰期間投在全歐洲的炸彈多出整整三倍，秋後算帳的時刻終於到來，而這也促使數以千計的越南人加速出走。外國媒體則大多對情勢保持徹底的緘默，越戰的主題已經占據頭條如此長久的時間，似乎還沒準備好面對越南歷史正在展開的新篇章。

瓊・拜雅在一九七〇年代初期加入國際特赦組織，她發表了一封公開信，在其中揭發越南掌權者侵犯人權的行為，這份文件引起許多左翼運動分子的反彈聲浪。

在以越南人民為己任的責任感驅使之下，由高玉芳師姐和禪師帶領的越南代表團提醒負有維護人權重任的國際組織關注越南政權在鎖國狀態下的濫權暴行。一九七七年三月，越南統一佛教會的領導人滿覺法師也帶著一封由其執委會撰寫的求助信逃離越南。這封信附有數張釋迦牟尼佛雕像慘遭共產黨幹部炸毀的相片，並揭發了八十六樁危害宗教自由的事件。

此時，高玉芳師姐也竭力呼籲各國政府的關注，漸漸地，一股針對越南當權者的國際壓力於焉形成。從一九八〇年代初期起，沒有從水路逃離國家的越南居民淪落到只能憑配給票來換取所需的民生物資。

越南的佛教徒在禪師的影響之下，始終抱持著沒有任何人是敵人的覺察。只有無知、憤怒與憎恨才是敵人。在戰爭期間，他們不分敵我地對所有的人提供援助。在一個慘遭斲傷且深深受創、因戰爭和艱困的處境而愈加分化的國家，他們這番覺察是彌足珍貴的。

在一行禪師的內在深處，其實從未真正遠離在孩童時期深深烙印在其靈魂上的那番光景：那幅閃耀著力量與和平光輝的釋迦牟尼佛像。禪師因此發下服務眾生的誓願，那使他必須攀越最陡峭的歧路。

在梅村裡，禪師與高玉芳師姐逐步地安排規劃社群生活，高玉芳更在日常的諸多事務之下，仍穩健地經營社群。來自越南的難民家庭、西方的佛教修行者、美國的退伍軍人或禪師書籍的讀者都來到村子裡，度過數天甚至好幾個月。修繕及園藝的工作占據了居民一大部分的時間。當鐘聲響起，人們暫時停止所有的活動和舉止，因而得以把意識重新集中在呼吸上。一天數次，這是人們每隔一段時間實行的回歸根本的練習。禪師結束在美國和大巴黎區兩地度過的混亂年歲，當時生活節奏被越戰的消息牽動，並持續被各種示威遊行、和數以百計的人會談、發表救援呼籲、拯救任務和祈禱所打斷，如今他終於透過接觸自然而淺嘗休息的滋味。總是樂於戴上園藝手套的禪師歡喜地沉浸在他的嗜好中。

村子裡的人學習如何餵飽自己，用「自己的兩顆寶石」觀看，禪師如此稱呼眼睛，人們學習生活，也學習放鬆，「慵懶日」的制度也從而建立。人們在村子裡吃素，且總是帶著正念進食，即使是再小的一顆櫻桃、再小的一塊麵包，他們都會緩慢且細心地咀嚼，以欣賞和品嘗它們真實的價值。漸漸地，這樣的練習使感官趨於細膩，滿足的喜悅也油然而生。人們跟隨指引，在樹下進行冥想，在行動的同時，領悟到這每一個行為舉止不但沒有破壞地球，反而是在保護地球：這也是幸福的一大泉源。

禪師精通書法，而那也幾乎成為其教誨特有的註冊商標。目睹筆在正念之下滑掠過紙張、留下寥寥數行文字，不啻是一場視覺的饗宴。

在這般平和且不帶競爭的氛圍下，人們的善意和服務都是無條件而且無所求的，即使是最僵硬的心也逐漸開放，微笑重新浮現，人們在那喜樂的單純裡嘗到了幸福的滋味。後來，一位時常造訪梅村的信徒吐露曾經「看到人們產生徹底的轉變，因為他們受到妥善的接待」。

禪師提出的社群構想和越南佛教所主張的傳統作法有所區別，雖然他傾向於將這個差異視為延續傳統的革新。女性和男性在寺院的階層體制裡具有同等重要的地位。如同禪師身在越南時，在青年社會服務學校試驗成功的革新，他希望梅村修行社群的成員能和凡俗的百姓建立關係，甚至比丘尼也可以投入服務百姓的行列。

起初，禪師並不打算進行傳戒，也無意成為眾多弟子的師父。然而，他在一趟美國之旅時，開始重新審視自己的位置。

「我們必須彼此相互扶持，而實踐修習在這方面更是格外重要。我們無法獨自進行冥修，我們必須與一位導師和朋友們一同進行。如果你有一個好的僧伽，那麼你的修行會是容易的，因為你有僧伽支持你。」117

接下來的八年間，有超過五千名來自世界各地的人士在禪師或其指派的導師帶領的正式儀式裡，受到「五項正念修習」所啟迪。年輕的出家眾也透過服務與照顧禪師而獲益良多。

一行禪師延續著敬拜先祖的儀典傳統。許多目擊者描述禪師在這些時刻彷彿變了一個人，他不再是導師，也不僅僅是師父，而是家族血脈的傳人，完完全全與儀式的進行融為一體。

伴隨著社群的發展，禪師也繼續寫作不輟，並持續出版新的著作，其讀者也與日俱增。他的理念透過阮英香、茉比・華倫（Mobi Warren）與安娜貝爾・萊提（Annabel Laity）師姐而從越南文翻譯成英文，其著作也進而被翻譯成三十多種語言。多虧了兩家出版社的仲介：負責越南文出版品的貝葉出版社及負責英文出版品的視差出版社（la Parallax Press），禪師的書籍在美國創造出廣大的讀者群。阿諾・卡特勒（Arnold Kotler）及特莉絲・費茲傑羅（Therese Fitzgerald）所創立的視差出版社也成為「正念生命社群」的計畫之一，這個社群除了負責籌辦禪師每年至美國的兩場布道巡迴，也出版「接現同修」的期刊《正念鐘聲》（*The Mindfulness Bell*），並拓展與退伍軍人、戰俘、越南家庭及孩童相關的社會行動。

第十章

美國士兵的痛苦

一九七五年，美國軍隊自滿目瘡痍的越南國土全數撤離。一波接著一波，這些正值年少的美國兵終於返回自己的祖國。這些年來，恐懼始終如影隨形，如果不是在中國灘前線療養地裡靠著高劑量酒精和藥物在短時間內放鬆精神，在越南的日子沒有一秒不是在壓力中度過的。戰爭的最後幾個月裡，許多人必須倚靠這些東西才能勉強入睡，大約四萬名美國陸軍在戰爭期間吸食海洛因成癮。

回到美國之後，他們愁苦地發現歲月如常地流逝，卻對他們的痛苦漠不在乎，彷彿這裡的生活再也不屬於他們，有某種東西被破壞殆盡，一切皆已萬劫不復。戰爭中的暴行日以繼夜不斷在回憶中浮現，門的咯吱聲響就能讓他們驚嚇不已，而這些都是創傷壓力症候群，瀕死經驗和痛苦緊緊跟隨。對他們而言，地獄的疆界並沒有終止於越南的國界。更慘的是，這場激烈的戰爭成了最要命的毒品，幻覺隨著他們從戰地歸來。

如果戰爭使這些退役士兵和社會格格不入，更糟的則是眼見年輕人們對現狀極其不滿，彈著吉他、高唱反戰歌曲，然而他們對戰爭卻一無所知。這些自戰場歸來的美國士兵們瞬間領悟到：無論在意識形態、道德和生理上，都沒有任何人會支持他們。他們不再是什麼英雄，身上榮耀的動章根本一文不值，他們對戰爭的投入、誠意和勇氣被譏為僅僅是為了軍事、經濟利益，和為了滿足美國自詡為強權國家的幻想與高傲而服務，他們承受著極度的孤寂和愁苦，陪伴他們的僅是一連串充滿死亡氣息的恐怖回憶，和遭受背叛與羞辱的毀滅性感受。越戰退伍士兵回到美國之後，其中至少有六萬人親手結束了自己的生命，這個數字甚至比在戰爭中犧牲的士兵更多。[118]

這些美國退伍軍人都是飽受創傷的幽靈，但這個國家卻對他們視而不見，也拒絕看見。一行禪師心中對他們滿懷憐憫之情，他對這場衝突的了解入微。禪師既不鄙夷、也不輕視任何人，而他尤其清楚自己擔負的責任。作為「互即互入」這個概念的信徒，他知道我們每一個人都必須承擔戰爭的一部分責任。若是期望達到真正的進步，我們必須下工夫精進自己，並且和那些我們所譴責的人一起努力。怎麼能將這些飽受苦難的人棄之不顧？在那些沉迷於大麻與搖滾樂並陷於瘋狂與暴力而無法自拔的士兵、和這位親吻腳步下每一寸土地並在每一次呼吸裡消弭怨恨的禪師之間，接下來的這場行動似乎有所助益，卻也出乎意料。

如果歷史背離了這些從沙場歸來的士兵，這位禪僧則將試著給他們一個全新的開始。在一九九〇年，一行禪師帶領了一場集結四百人、朝向華盛頓特區的越戰退伍軍人紀念碑的冥想步行。在這次活動中，一行禪師為這些退伍軍人安排特殊的靜修和傳統的靜修彼此穿插。他們和禪師聚首、交流，並在紙上寫下親身的戰爭經歷，接著，他們和參與傳統靜修的人，「非退伍軍人們」分享所寫的內容。

你將治癒我們的國家

就在其中一次為退伍士兵舉辦的靜修中，一行禪師對他們說：

「你們被送到遠方歷經爭戰、毀滅、殺戮和死亡。但你們不需要為此負全部的責任。我們的個體意識是整個社會的產物，傳承自我們的祖先，來自教育和種種其他因素……。你們必須深入探察，以了解這一切究竟是如何走到今天的地步，而你們個人的療癒就能療癒整個國家、孩子們以至於未來的世世代代。」[119]

禪師鼓勵這些退役士兵成為「菩薩」，如同前面幾章提到的開悟的生命，他們藉由實踐佛教的懿行，來幫助其他人自苦難中解脫。李・索恩（Lee Thorn）就是其中之一。他形容自己是「藥物和酒精成癮、患有創傷症候群的混蛋越戰退伍軍人」。他在戰時的工作是在空襲越南半島和寮國的轟炸機上裝載炸彈。「我回到美國並參與反戰活動的時候，就聽說過一行禪師。」李・索恩回憶道：「禪師愛所有的人，而我們卻不愛任何人。我開始每天閱讀並跟隨禪師的教導，我從禪師那裡學到的是憐憫的必要。這也是為什麼，我開始了在寮國的工作[120]。」禪師開啟了和參與越戰的美國退伍士兵的對話。他鼓勵那些因這場戰端而生理或心理上受傷的士兵成為著手和解的人。

李・索恩的邁向和解之路引導他完成了一項具體的工作。作為共產黨游擊隊大本營的寮國於戰時遭受美國空軍的大規模轟炸，也悽慘地成為歷史紀錄中遭受轟炸最嚴重的國家。而李・索恩便親身參與執行了多次轟炸寮國的空襲任務，而在戰爭過後，他希望透過發展咖啡種植合作社，與這個在戰爭年代分崩離析的國家及其國民達成和解。李・索恩本身雖然體驗過痛苦，但他也成功地用積極的方式予以轉化。

與一行禪師親近的弟子們此後稱他為「尊者」，廣泛地在全歐洲、俄國、澳洲、紐西蘭、印度、中國、台灣、南韓、日本和以色列布道。他舉辦的靜修在全世界催生了逾三百五十個實踐禪修的小團體或是僧伽。禪師的旅行總是在極為簡單甚至質樸的環境中進行。

禪師經常教導：冥想的其中一個目的即是讓自我與環境、構成環境的芸芸眾生之間的二元對立消失，如此便能培養出慈悲之心。在各式各樣的生活境況中，都要培養眾生之間的相互聯繫。

一九九一年一月，當第一次波斯灣戰爭幾近爆發時，一行禪師人在法國。當他聽到布希總統下令於伊拉克執行「沙漠風暴」攻擊行動之後，再也無法入睡。他甚至感到憤怒，於是他試圖冷靜下來，並深刻觀照自己的內心，他設身處地站在美國總統的立場思考：

「我們的集體意識中存在著非暴力的種籽，而布希總統執行了一連串制裁行動。我們沒有充分鼓勵或支持他，然後他採取了更殘暴的解決方式。我們不能把他當成譴責的箭靶，因為我們也可能採取和美國總統相同的舉措。」[121]

一九九一年三月三日，美國黑人羅德尼・金（Rodney King）在和警察追逐被捕後，遭到洛杉磯警方以警棍暴力痛毆。長達九分二十秒的逮捕行動直擊影片傳遍了全世界。這名男子的下顎斷裂，而且右腳踝骨折，他雖然脫離險境，全身卻有二十多處傷口需要縫合，其中甚至有五道在口腔內側。

一九九二年三月，對四名警察的起訴最後竟以無罪收場，判決結果宣布後不到兩小時，整個洛杉磯即陷入長達六天的暴動，總計發生了三千五百多起縱火事件，並有大約六十人喪生。

一行禪師透過法國電視台播放的暴力衝突畫面看到這些事件的過程與始末，而對羅德尼．金的遭遇感同身受。他感受到這個人所遭遇的一切。禪師解釋：「那就像我和他當時都遭到棍棒攻擊。我們都是暴力、憤怒、不了解以及對人之尊嚴缺乏尊重下的受害者。只是，當我越深入了解，越發現自己和那些以警棍狠擊羅德尼．金的警察毫無差別。他們會做出這樣的舉動，正是因為整個社會都充斥著仇恨與暴力。整起事件像是一觸即發的炸彈等待時機爆裂，而我們每個人都是組成這枚炸彈的一部分，都得共同承擔責任。我們都是其中的警察，也是受害者。」[122]對那些生活在和平的國家、內心毫無怨恨的人來說，這番話可能顯得難以理解，這種不了解說明了自己與世界上其他人之間的種種差異與隔閡。然而，對於在我們的視線範圍之外受苦受難的人們的漠不關心或單純就是不了解——本身就是一種暴力，儘管我們並沒有意識到。貧窮、暴力、排斥、動物的處境都和我們息息相關；對於發生在地球上的每一件事，沒有人能置身事外。無論經濟、政治、社會或僅僅單就人的觀點出發，所有人都是相連的。

這也是為什麼一行禪師所進行的活動，例如救援船民的經驗，都超出了政治和國際體制的範疇。相反地，他的行為啟動的是覺知的轉變。

讓我們看看一行禪師是如何形容那縈繞在他腦海中的念頭：

「我們總是認為自己需要一個敵人。然而，認為世界情勢掌握在政府的手上，而且只要領導者實施正確的政策，和平就會來臨，這樣的觀念有失公允。我們每一天的生活都緊扣著全球的境況。因此，如果能改變每天的生活方式，就能改變我們的政府，進而改變世界。我們就是自己的政府和領導者，而他們其實是我們生活和思考方式的反映。就算是喝一杯茶、拿一份報紙、甚至抽一張衛生紙的方式都與和平有關。」

擊退心魔

誰的心中未曾升起一絲想要不分親疏遠近地幫助、療癒、支持他人的熱望，或是想要改善同胞的處境？這種油然而生的感受就是我們的本性、亦即我們的佛性的展現。助人為樂的心即是菩提心（bodhicitta），也就是醒悟之心（esprit d'éveil）。只是因為苦無技巧和方法，在想做和實踐之間卻往往存在著一道難以跨越的鴻溝。若是找不到實踐之道，這個單純的心念可能會造成令人挫折的內在空虛。

一行禪師身為一名老師與禪師，因為他的現身便能帶來支持和療癒的力量。然而這樣的幫助和支持如果單單源自個人的意志，仍是不足的，這份愛必須來自個人的整個存在，因此，禪師教導他的信徒們，尤其是出家眾們，如何活出並且展現深刻、迷人而且溫柔的存在。前提是：自己必須是幸福的。祥和、喜樂、幸福，禪師鼓勵每個人去展現其內在生命最美好的部分；他自己即是長年維持在這種愉悅、專注和充滿活絡朝氣的內在狀態之中，這樣的態度並非外在的面具，而是心靈深處的轉化，並陶養自己從純粹而崇高的意義上體察個人存在所締造的成果。這些素質的充分開展，就好比根植於淤泥中的蓮花花瓣，這淤泥一如人的存在和靈魂的深處，它的根提供力量並使其存續不渝。一行禪師也要我們警醒：注意那些可能讓自己感受到某些情景、影像或聲音的情緒的影響，我們往往很容易對受害者感同身受，然而很重要的是，必須始終保持自我。

禪修社群的出家眾展現的專注聆聽、向他人的開放以及慈悲的態度為眾人開啟了全新的視野。如何消除自身承載的痛苦，這成為一行禪師的首要目標。因為戰爭的禍源存在於參戰者的心中，無論是美軍、俄軍、法軍，因此這位佛教領航者在西方人之間進行和解的工程。接二連三的世界大戰逐漸累積出一股潛在的暴力，助長人們互相凌辱、仇恨和不理解。

如今，苦難的能量再也不是透過某支軍隊的武裝暴力或是遺留在身上的傷口而體現出來，而是基於心理層面而展現的：出現在配偶、親子等家族成員、和工作同儕間的不合宜的用詞、狹隘的心胸、騷擾行徑、成癮問題、墮落敗壞，或者更糟的是，性濫交甚至虐待。最終，愛的缺乏，演變成加諸於自己和他人身上的暴力，讓痛苦與苦難的輪迴無盡重複。

造訪梅村的人與日俱增，他們也四處宣揚在此禪修的種種益處。此處於一九八二年接待了上百位成員，隔年人數即增加了一倍，很快地在幾年之內，就有數以千計的人從世界各地前來，每年夏天聚集在梅村禪修中心村落和鄰近的營地，為的是參與節慶、加入靜修，和實踐各種禪修活動：坐禪、行走禪、飲茶禪、工作禪，並接收一行禪師以越南文、英文或法文講述的教誨，同時也被翻成德文和義大利文。此處也將發展出許多文化活動，尤其是針對兒童設計的項目，而孩童對正念訓練的敏感度特別高。

該如何解釋這番成功背後的原因？身為導師的一行禪師深具影響力卻也樸實謙遜，堅定沉著，更同時具有深深觸動人心的溫和。他的教導不僅呼應時代脈動，也以個人的發展與認識自我為導向。要知道：我們是自己生命劇本最主要的演員，只要改變覺知的方式，無限的可能就會在我們眼前展開，而這番改變也是西方世界近幾十年最主要的進步之一。自一九六〇年代開始，越來越多的人思考關於幸福的定義時，不是依據外在的條件，而是意識到必須對自己的生活負責，並且作為自己生命的創造者。人們彷彿頓悟了，從而一點一滴重新成為自己生命的主人。從這個觀點來看，一行禪師的教誨在於擺脫某些積習，並透過對內在的叩問來理解情緒。儘管如此，不能簡單的將禪師提倡的道法的力量歸結為個人發展的單純鍛煉，教誨汲取自佛教，並在一定的程度上啟發追隨者體悟釋迦牟尼佛訓示的深刻理念。在這個過於物質導向的社會，禪師學習保持在充滿生命力的狀態。

吉娜（Gina）師姐隸屬於梅村禪的女性修行者小團體。如果有人詢問她如何理解禪師的教誨，她會說：「這因人而異，對我而言，比起講課內容，我更在意的是群體生活，這是每分鐘都在進行的訓練，因為我必時時讓自己能夠去愛，不論我是否有這個能耐。我感受著、也很清楚不論我能或不能，唯一的方法就是去擁有愛的能力。我必須對生活在這裡的人或短暫停留的過客負起責任。為了發揮和展現這份愛，我必須去了解這些人的需要。我必須幫助他們發揮所長，並改善短處。正如我也得同時面對自己的長處與弱點。」123

一九四九年時，一行禪師還只是個年輕的僧侶，他還無法掌握「逢春」這個法號的奧義，這意指「與春天相遇」。「『逢春』和『枯木冥想』相反，後者是一種必須完全拋開靈魂、放下喜悅，以打消一切欲念為目標的嚴苛訓練，就連修成菩薩的念想也一併消滅，試圖超脫一切享樂與欲望。逢春則恰恰相反，就像這首詩所表達的：『菩薩枝柳滴露施，朽木將死得新生』。澆灌垂死的樹木就像召喚春天的降臨。我這才明白：我的導師給我的考驗是為人們帶來綠意、帶來歡喜愉悅。而法號一行則是指『一種行為、一番實踐』。」[124]禪師明瞭到，從他幾年前在動盪之中離開寺院以來，此後的任務就是為已逝者重新賦予新生。

艾弗瑞德之死

一九九〇年代初期，禪師親眼目睹長年的摯友艾弗瑞德．海斯勒離開人世。艾弗瑞德幾個月來飽受癌症之苦，並在紐約的好撒瑪利亞人醫院接受治療。在一行禪師的眼中，將一生奉獻於服務他人的艾弗瑞德是真正的英雄，禪師高度讚揚他的理想與勇氣，也讚賞他的務實和組織能力，艾弗瑞德就是菩薩。

一行禪師在真空法師的陪同下前往醫院，艾弗瑞德在世的時間已經不多了。然而，即使在如此沉重的時刻，和海斯勒家族重逢卻充滿溫情，艾弗瑞德的女兒蘿拉以及妻子桃樂絲都在，禪師緊握蘿拉的手短暫交談。也許由於這兩位訪客真摯而專注的現身，使這次探視如此令人欣慰。躺在病床上的艾弗瑞德已經陷入昏迷多日，一行禪師溫柔地在他的耳邊呢喃：「我親愛的朋友，你還記得我們是什麼時候認識的嗎？」他請真空法師唱一首歌，其中的幾句歌詞是：「我的生命既無邊亦無界。而我未曾生亦從未死。」她反覆唱著，快唱完第三遍時，艾弗瑞德竟然清醒了過來，他無法開口，但真空法師繼續和他說話，這次則喚起他回想起他們在越南和羅馬一起度過的日子，當時他們都滿腔熱血，亟欲透過行動而倡導和平。一行禪師溫柔地按摩他的雙腳，突然，艾弗瑞德開口呼喊：「不可思議，不可思議啊！」然後再次陷入昏迷，不再醒轉，一行禪師就這樣陪伴他走向人生的盡頭。一九九一年六月五日，艾弗瑞德在一行禪師和真空法師走後幾個小時平靜地離開人世。不久之後，一行禪師為了紀念這位一同為和平奮戰的盟友，寫下了這首詩：

「你不受形體所拘。
你的生命既無邊亦無界。
你未曾生亦從未死。
彼時的相聚如此歡樂，而來時的我們將一如往昔。」

無死，亦無懼，這是這位越南僧侶的教誨。當覺知深深浸入有形世界底下潛藏的真實，真理就會揭顯。而這番真實源於對此時此地的深入觀照與開放。生與死只是過道。人生在世，透過體驗人生，方能觸及真理的本質。由此，則我們可以確信：活著是如此真切，而死亡只不過是正在轉化中的事物。沒有什麼被創造出來，也沒有什麼因此消失，而是一切轉變著。

第十一章
啟發眾領袖

在二十世紀的最後十年，一行禪師和他的組織所領導的播撒正念種籽的工作在國際上愈加獲得肯定。

一九九五年九月，一行禪師受到一九九〇年諾貝爾和平獎得主米哈伊爾．戈巴契夫的邀請，參與了由戈巴契夫基金會策劃、於舊金山舉辦的第一屆年度世界現況論壇[125]。這次論壇集結了來自五十個國家的五百多位政治領袖、精神領袖、科學家、知識分子、企業家和藝術家，其中包含柴契爾夫人、小布希總統、布里辛斯基、魯貝士、狄巴克．喬布拉、賈克．德洛爾、比爾．蓋茲、泰德．透納、卡爾．薩根、桑妮雅．甘地和來自越南、蒙古與柬埔寨的佛教代表。

論壇的目標是清楚揭示一個屬於二十一世紀的全新典範，透過一種力倡普世價值的觀點，思考如何面對冷戰的後續效應，並確立以消除壓迫和貧窮為首要任務，藉此帶領現代世界在科學、經濟、安全、宗教與藝術各方面都能進入兼具平衡和尊重的連動進程[126]。尤其，這個強調在人文、社會、環境等各層面相互依存的共同意志終將有助於引導全人類進入一個新的發展階段，並勾勒出一個新世界的輪廓和價值。世界現況論壇此後將每年舉辦一次，並舉行愈來愈多國際高層會議和交流，以俾持續推展因應人類在二十一世紀初面臨「全球化」之際的迫切要務。

經過這樣的國際肯定，一行禪師躋身當代的偉大精神領袖之列，而他也盡可能廣遠地傳播他的和平理念與實踐正念的教誨。

在接下來的十年，一九九五年至二〇〇五年，一行禪師進行了更多場旅行與演說，例如他就在中國重新燃起佛教香火，與此同時，他也仿照禪宗戒律和梅村禪修中心生活模式，創建了多座寺院。

一九九七年，基於一筆捐款而在美國佛蒙特州的烏茲塔克創立了楓林修道院（Maple Forest Monastery），屬於統一佛教會（譯註：此處的統一佛教會並非前文多次提及的越南同名組織，而是一行禪師在法國成立的組織）和禪師的「接現同修」體系。這座修道院起初只接收男性成員，後來也開放給出家眾以及凡俗的男性和女性，讓他們在此定期禪修或靜修。

同一年，一行禪師在同樣位於佛蒙特州的哈特蘭福爾柯納建立了綠山佛法中心（Green Mountain Dharma Center），那裡不僅提供出家眾居住，也開放給一般大眾作為靜修之所。

一行禪師無論是趁著以色列之行或是在佛羅里達州西礁島的靜修期間，都持續在美國和其他各國向日益增加的聽眾傳授佛教哲學。

一九九八年，梅村社群改制為由五個小村莊組成的禪修生活修習中心，大約有一百多個人常年居住其中，此外還有一心想追隨一行禪師接受禪修啟蒙的人。從那一年起，梅村開始推出夏季禪修營（從七月十五日至八月十五日）、為期三個月的冬季靜修營、每兩年舉行一次的二十一天靜修營，和為期較短的春季靜修營。

一九九八年間，一行禪師與幾位諾貝爾和平獎獲獎者共同起草一份遞交給聯合國的請願書，呼籲保護全世界的兒童，以及將二〇〇〇年至二〇〇年定為非暴力文化的十年。

消彌戰火

對西方世界而言，二十一世紀的開端是殘酷的。二〇〇一年，在紐約世貿中心發生的恐怖攻擊震驚全球，其後的連鎖效應益發猛烈。小布希政府採取的兩場報復行動讓業已脆弱不堪的地區與人民陷入更大的不安。在襲擊事件的次日，一行禪師採取的立場讓他迅速累積在美國的信眾人數，並成為最受尊敬的佛教領袖之一，許多美國記者甚至將他譽為「另一位達賴喇嘛」。

紐約和禪師之間的關係回溯到一九六〇年代初期，他剛到這座城市時，只是一個連英文都說得結結巴巴的年輕僧侶，四十年後，當市民們被甫在眼前發生的恐攻暴力震懾之時，這位禪僧則護佑這座城市。

二〇〇一年九月十一日的襲擊事件，兩架飛機直接撞擊世貿中心大樓，這使美國人特別是紐約居民陷入震驚與慌亂，就像某種上天的預兆般，標題為《憤怒》（*Colère*）的書籍恰巧就在二十四小時前的九月十日上市[127]。接著，就在恐怖攻擊發生的翌日，這本書立刻蔚為話題，第一版的三萬七千本在八天之內全數銷售一空，而這本書也很快地就登上了《紐約時報》的暢銷書排行榜。

九月十二日，在口耳相傳之下，三千多人爭先恐後，就為了聆聽這位禪師在曼哈頓上西區的河濱教堂的布道，還有一千五百多人守在門外，不得其門而入。度過繁忙庸碌的生活之後，越來越多紐約人迫不及待前去聆聽一行禪師安撫人心的話語。眾人摩肩擦踵，只為了在講堂裡找到一個位子。禪師莊嚴而寧靜的神韻，現場許多剛進來的人的緊繃情緒逐漸轉為平靜，演說的現場也從一開始的怒氣充斥，到最後安靜得鴉雀無聲。除了有一次，當內心充滿熱情和堅強信心的聽眾受到一行禪師的鼓舞，而將痛苦和憤怒化為覺知的力量，接著開始高呼：「我愛你！」

九一一恐怖攻擊事件呼應著美國歷史上另一個令人沉痛的時期，無獨有偶，越戰也破壞了美國人對其價值觀的信心。一行禪師再次向美國人提供了選擇和平的機會，他鼓勵他們透過憤怒而將自己轉變為和平的使者，以排除恐怖主義為使命。

「如果您遇到賓拉登，您會對他說什麼？」二〇〇一年九月十一日事發之後，一行禪師在《平靜心靈的恐懼》書中回答了記者提出的這個問題[128]。他說：如果有機會，他首先會去傾聽，他會盡力理解賓拉登為什麼會這麼做，並試著體會與這些暴力手段相關的所有痛苦。他補充道：其實要這樣傾聽可能並不容易，他必須保持冷靜和清醒。最後，他認識到必須和幾個同樣是潛心修練「深入聆聽」的朋友一起，才能達到傾聽卻不作出反應、不評斷、也不指責。

一行禪師儘管廣受歡迎，卻沒有因為這番成功得意忘形，他的演講相當熱門，但這些談話和講座則是奠基於恐攻事件和人類的苦難。自身緊扣著禪修實踐的一行禪師深信：這始終是自我的唯一主人，奠基於靈修而向前邁進，一貫以服務他人為職志。

治癒越南

正如本書第一章所述，一行禪師於二〇〇五年和二〇〇六年前往越南，返回法國之後，在聯合國教科文組織的安排下，於巴黎發表了一場引人注目的談話，呼籲徹底終結暴力和戰爭的輪迴。值得一提的是，一行禪師在二〇〇六年與聖雄甘地、達賴喇嘛和翁山蘇姬等人一同入選《時代》雜誌亞洲版的「六十位亞洲英雄」。

但對於一行禪師而言，更具意義的是在他造訪祖國越南之後的幾個月裡，般若寺的訪客數目迅速增加，此處除了提供靜修，每個月推出為期幾天的正念修習更吸引幾千名參與者，其中大部分是年輕人。而這兩次的越南之行提供給一行禪師關於權力本質思考的素材。

二〇〇五年，越南當局因為猜忌恐懼所有可能危及其權力的一切人事物，越共的政府官員以高壓獨裁的方式進行統治。當一行禪師第一次發表演說時，警力嚴密部署、高度戒備，準備好鎮壓任何的示威。在一間足以容納數百人的演講廳裡，卻限制僅讓十八個人參與，這一切都是為了鞏固勢力。

「我走到講廳的前頭，帶著愉悅的心情向這十八個人講道，彷彿是在和數以千計的人談話。官員對我的舉動大感意外，而且被我的講授所打動。他們感到羞愧，於是在下一次開放讓一千多人參加，日復一日，他們的擔憂逐日減輕。」129

這位梅村禪修中心的創始人在越南現場感受到人們對其教誨的高度熱中，這促使他在二〇〇七年再次返回越南。這一次，一行禪師在為數更多的觀眾面前，親自帶領靜修與正念練習，此外，還在越南北中南的三大城市，與數千名參加者一同為所有戰爭受害者進行長時間的祝禱祈願。

二〇〇八年，一行禪師舉辦了另一場越南之旅。禪師及其在越南的接應者希望能組織三次大型的祈禱儀式，其訴求是在數十年的戰爭之後「解開不公義的結」，並促進和解。儀式的目的是祈禱各國籍的傷亡者獲得療癒，然而政府官員不肯批准，因為他們認為沒有任何不公不義，為什麼需要祈禱？最終，他們仍接受舉行祝禱儀式，條件是不可採用「解開不公義的結」這樣的詞語。

光是在胡志明市，就有一萬人前去參與儀式，官員們當然非常不樂見這樣的活動，因為他們自己也都涉入戰爭時期的一些屠殺，他們害怕來自公眾的指責，並擔心發生騷亂。法師們於是講授透過思想、言語和行為來傳達善意的必要。如此一來，這股能量不僅讓摯愛的逝者解脫，也讓自我解放。官員們於是放下了心中的大石頭。好幾千人前往河內參加祝禱會，其中一些參與者夢見去世的親人要求他們出席儀式，以獲得解脫。許多學生徹夜騎著摩托車前來，身上只有幾分錢能奉獻給寺廟，和用來尋找過夜之處的十分錢，即便是最窮苦的人也都竭盡所能地捐獻，捐款全數用於幫助因橙劑而導致殘疾的受害者。

「所有這些事情都顯示出人民的力量、人性的力量和愛的力量。在越南，我們清楚地看到，真正的精神力量足以平穩而平靜地改變一個國家，是的，甚至改變整個世界。」130

對一行禪師而言，還能期待什麼比基於這樣的良善意圖而舉行的更美好的儀式？即使執政當局在不久的將來終止了他的入境許可，越南的療癒程序已然揭開序幕。在他回到祖國並重燃希望之後，種種跡象顯示，此後他必須在越南以外的地方繼續宣揚他的信念，以讓人將精神專注在當下，並將心靈朝著釋迦牟尼佛的智慧敞開。

一行禪師也會晤了越南國家主席阮明哲，這場他高度重視的晤面目的是向主席提出改革和鬆綁對佛教人士控制的建議。此外，他還建議解散長期以來貪污腐敗的宗教警察，以杜絕不法的勒索行為，與導致民心盡失的殘暴行徑。

從高層政治立場的觀點來看，一些觀察家特別強調的事在隔年一一發生，儘管一行禪師此後被公認是這個國家最重要而富於魅力的宗教人物，對他這個從不諱言自己長期投身「入世佛教」的人而言，二〇〇八年仍是生命中的一個新轉折。

一行禪師在一月公開發表了給越南主席的建議，引發宗教警察的疑慮和明顯的不滿。兩個月後，一行禪師在義大利的一場記者會中公開支持達賴喇嘛和西藏人民，此舉立即引發中國政府的震怒，並公開要求他重新修改其言論。可想而知的是，禪師拒絕了這項提議。

適逢二〇〇八年五月在河內舉行的衛塞節儀式[131]，一行禪師第四度前往越南，但他很快就意識到當地的氣氛已經改變，事實上，就在他抵達的前幾個星期，政府便開始採取限制措施，以控制般若寺的活動及影響範圍。

般若寺

儘管河內政權持續著手開放越南社會並經營該國全球化的經濟發展，但也感到被這位近幾十年在西方世界備受尊崇的瘦小禪僧其日益增高的知名度所威脅，這番憂慮尤其源自禪師秉持梅村的精神而帶領的正念實踐和靜修對大批青年所發揮的影響力，而在一行禪師公開呼籲解散宗教警察之後，宗教警察的形象及合法性顯得更難以見容於人民。

在一行禪師造訪般若寺之後的十六個月裡，政府警察對這座寺廟予以更高度的施壓，他們進行各種騷擾，唆使民眾加以詆毀，限制僧侶出入，禁止舉行正念的修習和開放讓大眾參與靜修等。

雖然寺裡的僧人謹言慎行，避免以仇恨或暴力來回應這些挑釁，反而保持著和平與慈悲的態度，然而在二〇〇九年六月，統治當局卻阻礙並公然質疑寺院的運作，就此打破了和平共榮的新階段。他們全面切斷當地的電力、電話和水源供應，政府付錢教唆的暴力團體接著開始對當中的宗教人士進行攻擊、逮捕和追趕，成功逃脫的人也只能暫時躲藏在附近的一座廟宇裡，而且持續遭受當權勢力的壓迫。

針對這些加害一行禪師門徒的暴行的批評聲浪從未間斷，無論是由數百位知識分子、法學家甚至共產黨員共同簽署的國家請願書，還是經由美國大使表達出的官方立場，都顯示出年輕的一代對實行正念與建立宗教自由的高度關切。儘管如此，到了二〇〇九年底，般若寺的所有僧侶終究流離四散。一位年輕的比丘尼表示：「我們曾經彼此友愛，竭盡全力為他人服務，這是我們最大的幸福。如今，般若寺已然成為一場噩夢，但沒有人能摧毀我們在這裡發現的東西。現在我們已經找到一條道路，無論般若寺存在與否，我們都將無所畏懼。般若寺已化作雨，雨水滴進土裡，讓開悟的種籽萌芽，就算般若寺不復存在，就算我們被趕出福慧寺，覺醒的種籽將長存心中，再也不會消失。禪師教我們：作為他的弟子，我們每個人都必須成為一座般若寺，一座芳貝寺。我們承襲一行禪師，有朝一日我們將建立許多新的般若寺、新的芳貝寺。」

其中一些人逃往泰國或順化的慈孝寺避難，另一些人為了保密和避免遭到政府警察的譴責與報復，繼續以最隱密的小團體型態來進行佛教修行。

另一方面，隨著時間的推移，梅村禪修中心的訪客人數仍與日俱增。從和平運動人士到越南難民，越來越多人和他們的家人一同前來，而且總是受到懇切的接待，當年幼孩子的母親想聆聽佛法教學時，比丘尼們甚至是參與僧伽的非宗教人士都主動提議照顧小孩。一行禪師樂見孩子們在場，並欣賞他們的自發態度。而這些孩子則對這位高僧印象深刻，並自然而然表現出對他的敬重，而且會在冥想散步時毫不猶豫地握著他的手。禪師其充滿愛的存在也使他身邊的眾生產生改變，這些孩子成為青少年，然後長大成人。

為了建立精神價值觀、聯繫彼此的關係和思索屬於這個世代的問題，以尋找他們在群體中的位置，成立了一個名為「覺醒！」的團體，成員的平均年齡介於十八歲到三十五歲。他們的目標是發展自我覺知，以達到最平靜的狀態，同時還要建設一個更加健康和諧並且擺脫偏執、歧視、憤怒的社會，以令人更加重視慈悲的價值。這番舉措獲得了媒體的廣泛報導，很快地，數以千計的年輕人集結在一起，每天實踐正念，這提供了他們一種達致內在平衡、心靈穩定的方式，而這對明辨是非和做出正確抉擇是無往不利的。所有的人都認真遵循「五項正念修習」，這是釋迦牟尼佛傳授給門徒的《四聖諦》與《八正道》的教導之準確實用的詮釋。

一九九〇年代，一行禪師選擇以「修習」這個更加強調實際和內在層面的詞語取代「戒律」一詞。這是為了讓西方世界、特別是年輕朋友更容易接受，畢竟「戒律」在西方人耳裡聽來具有宗教上的含義。

從這個角度來看，一行禪師使佛教在西方世界中的傳布狀態改觀。例如，「觸地」的修習就是透過俯伏在地面上，而對土地獻上敬拜，這讓人重新和構成世界的所有生靈連結在一起；這項修習是真空法師、真德法師等梅村禪修中心成員觀察到西方人對參與和實踐傳統佛教儀式感到遲疑後所發展出來的。而透過這番更新後的「觸地」，一行禪師也為這項修習注入了普世的向度。

二〇一一年六月，倫敦舉行了多場公開的冥想活動，也稱為「快閃禪」。幾年來，在世界和平日、訴求環境保育的世界地球日、冬至和夏至前後，世界各地都舉辦了冥想和祈禱活動，而且不需要透過實地的集結群眾。

這一次，參與者受邀到倫敦的特拉法加廣場，在這個人潮絡繹不絕的公共場所進行不超過一個小時的靜坐冥想。數百人聚集在這裡，一起冥想。拜科技之賜，資訊的傳播愈加快速，而「快閃禪」不久後也在巴塞隆納、蒙特婁和紐約等全球各大城市舉行。

第十二章

拯救地球

越戰結束已經三十多年了。二〇〇七年，美軍的攻勢在阿富汗領土上陷入膠著狀態；與此同時，在伊拉克，從第二次波灣戰爭以來，美國及其盟國干預所釀成的恐怖氛圍日益高漲。自「大同」計畫和芒通會議的籲求以來，相關的全球會議一場接著一場陸續召開，而全球暖化已然成為攸關人類存活的關鍵課題。最後，對抗獨裁專制的緬甸僧侶革命也成為這一年的焦點事件。

一行禪師的話持續令與談者印象深刻，無論是門徒、記者或是政治家。同年，《時代》雜誌針對人類所面臨的各項重大議題向禪師提問。關於戰爭的問題，他回答：「全世界都在期待美國的宗教領袖站出來，提供精神的指引，以早日終結伊拉克生民的痛苦和死亡。精神領袖們確實應該同時挺身而出，並清楚表明立場，以幫助人們覺醒，並向他們指出解決之道。而當人民具有明晰的思想並採取立場時，政府就別無選擇，只能依從。正如越戰就是因為當時美國人民的覺醒，而得以結束。」[132]一行禪師的這一席話反映了他極度重視個人在勇於挺身反對金錢和武力威勢，並在精神領袖帶領下，承擔起自己的責任。

至於全球暖化的議題，他則引用了關於親身骨肉的經文，其中述說父母吃自己孩子的肉的故事。一行禪師將這個比喻連結到人類的行為，點明肉食者的責任和在全球暖化過程中所扮演的角色。他說：「如果我們在吃肉和喝酒時帶著正念，就會意識到那就像是我們正在吃自己孩子的肉一樣。」一行禪師透過非常實際的方式，鼓勵無宗教信仰的社群採取類似純素食主義者的飲食方式，即拒絕食用透過集中飼養所得的雞蛋或奶製品。

然而，由於對人事物無常的認知，一行禪師對暖化的議題保持一定的距離。

「有生必有死，人類的文明也是如此。在地球的歷史上，許多文明已經結束，因此，如果現代文明也遭到摧毀，那也符合無常的定律。若是人類繼續以無知的方式生活，並像現在這樣生存於無窮無盡的貪婪之中，那麼文明的毀滅之日便近在咫尺。我們必須接受這個事實，就像接受死亡一樣，而一旦接受了它，我們將不再憤怒、否認或絕望以對，而和平之日亦不遠矣。」[133]

消除物質主義世界的幻想

加州的陽光孕育出一九六〇年代的反文化。在一九九〇年代和二〇〇〇年代，加州地區儼然成為最重要的科技研發中心。美國西部的各項開放創新並不限於科學研究，其觸角更延伸至許多不同的領域。對個人發展和人類心靈的研究即占有重要的地位。

一行禪師的教誨廣受高科技圈歡迎。在舊金山，反文化的圈子和網路文化之間發展出密切的關係，而這幾個領域之間的共通點，則是熱愛創意以及和國家機構保持距離。對於企圖預測未來世界的企業來說，源自冥想的創造精神是極其寶貴的資源。

二〇一一年十月二十三日，一行禪師受邀至加州的谷歌（Google）校園，進行以「意念、洞見、創新」為主題的講座，演說影片並播放給其他三十六個國家的分公司員工觀賞。這一天開始於充滿正念的早餐時光、一場冥想步行、午餐、一堂全然放鬆的課程，然後以一場問答作為結束。禪師也和谷歌的年輕主管們談論：「如何才能有助於減少受苦？」

一行禪師與全球網際網路公司的龍頭以及世界銀行進行的談話引起熱烈迴響，但也激起一些信徒的激烈爭辯，人們批評禪師向經濟與政治菁英靠攏，而入世佛教的擁護者尤其抱持這種看法。但這難道不是大企業從中看到多重的優點而試圖倡導？企業形象現代化並促進員工身心健康的同時，藉助於正念的技巧讓員工發揮最佳的表現，畢竟這些技巧有助於提升工作能力。然而，有些人卻擔憂這是誤入歧途的正念實踐。此外，另一層憂慮是佛教可能失去作為反對力量的能力，也就是透過提出替代方案，導致不再有反對派的存在。谷歌這類公司的企業方針，其明確目標是儘可能讓人花最長的時間上網，這該如何與一行禪師促進人們關注身邊大自然的籲求相互調和呢？

幾年後，一行禪師在二〇一四年三月二十八日的《衛報》線上版回應了這些問題：「無論初衷是出於提高工作效率，還是從中汲取利益，都不是那麼重要。事實上，實行正念將從根本上改變人們對生活的看法，因為這將自然而然地令人打開心房、抱持憐憫，從而想要終結他人的痛苦。」134

當然，這些企業關心本身的企業形象，然而網絡世界與人文科學之間的相互關係卻也不容忽視，尤其心理學研究已經顯示：快樂來自於「與他人產生聯繫」，而人們透過社群網絡所做的正是和他人聯繫，某些社群網路企業的領導者特別向「正向心理學」流派的專家請益。

一行禪師面對著這些年輕的領導人，就像他幾十年前在越南透過四處巡迴而引發人們覺察國家處境一樣，從未在立場上做出任何妥協。禪師對聽眾投以溫柔、專注而堅定的目光，緊扣著他的教誨而問道：「如何才能有助於減輕這世間的苦難？」「你能夠如何幫助人們回歸自身、回歸到他們的感受和情緒？」他向聆聽者建議一些有助於培養正念的創新方式，例如可以記錄脈搏和情緒的工具，並且提出解決措施，像是回到呼吸、練習正念步行、誦讀經文等。

由谷歌所籌辦的這個系列活動的主題之一是「如何訂定事業方向」。一行禪師以修練菩提心的精神——亦即開悟的精神——來回應這個問題。他甚至建議創立一個線上修道院，以幫助遭遇困難的員工。這位高齡八十七歲、被一些人喻為「瘋狂」的年輕詩人始終活力充沛，保有創新而充滿生氣的精神，並且關注人們的困難和痛苦。釋迦牟尼佛的教誨是超越時代的，因此怎能不緊跟著時代的脈動？

此後，谷歌定期為員工舉辦正念活動。在美國，正念與佛教的區隔在了解「新靈性」（nouvelles spiritualités）上相當重要。一九七九年，分子生物學博士喬·卡巴金（Jon Kabat-Zinn）的研究將流傳數千年的正念訓練導入非宗教的脈絡，他基於正念而訂立了一套旨在減輕壓力的治療措施。不再只限於佛教徒之間的正念，這在美國成功地推廣普及開來，大眾很快就對「覺知」、「慈悲」等詞耳熟能詳，並且正視呼吸的重要。

慶賀圓滿而幸福的生活

在眾聲喧嘩的美國，慈悲的主題已經蔚為社會上最受關注的議題之一。位於加州的史丹佛大學設立了一個專門研究慈悲的部門，即神經外科教授詹姆斯・多堤(James Doty)[135]所帶領的「慈悲與利他研究與教育中心」[136]。他在史丹佛大學舉辦了以慈悲為主題的一日活動，並邀請一行禪師和比丘尼們一同參與。多堤描述他和禪師會面時，「立刻沉浸在無條件的愛裡。在他的面前，我感受到一股油然而生的喜悅。」

一行禪師至今仍十分關注世界的未來，如同越戰甫結束時一般，他認為，經濟的成長不僅威脅了現代文明，也危害到環境和群體生活。而這番增長正是由和世界銀行等金融機構關係密切的世界強權所驅動的。二〇一三年，一行禪師受到世界銀行新任總裁金墉邀請發表演說；身為醫生的金墉是第一個不是經濟學家、也不是外交官而出任該銀行總裁的人。一行禪師於演說中提出另一條奠基於幸福的道路，就如他在梅村禪修中心所實行的。他面臨的挑戰之一是：向人們展現依循佛法並實踐正念的簡單生活，也就是讚頌生命，而這樣的生活會是圓滿幸福的。他反對這樣的信念：若沒有金錢與崇高的社會地位，就不可能達到真正的幸福。禪師透過他的話語，消除籠罩這個世界的物質主義幻想。

如果一行禪師的慈善事業持續地援助與支持最為弱勢的族群，而他在美國的知名度也使他足以幫助從他的教誨中找到精神食糧的全球首富。禪師告訴他們：「你必須在成為第一與得到幸福之間抉擇。」禪師在世界銀行發表的談話中更明確地表明，目標在於：「放下成為第一的執念。」

一行禪師一視同仁地宣揚其教誨。在釋迦牟尼佛的時代，有些人在成為其弟子和修習《四聖諦》之前，本身貴為國王或是巨富，像是給孤獨長者，就是一個充滿慈悲心的商人，他的名字意指「關照孤苦貧困之人」。禪師的這些演說讓他有機會在人與人之間種下愛與相互理解的種籽。

第三篇

蓮花盛放

一行禪師筆下的文字無疑地最能闡釋他的思想。禪師擁有極高的寫作天賦，他曾寫過詩、宣言、故事、短篇小說、論文等類型的文字，而且都十分出色。他向釋迦牟尼佛汲取無可限量的智慧，而熬過了戰爭的年頭，而且尤其為戰爭的受害者施予愛與和平的慰藉，其實。到最後，沒有人不是戰爭的受害者。禪師的典範激勵了全世界無數的人。

為了更清楚表達一行禪師的修習之道，後續的章節將闡述其教誨的主軸，並舉出幾個實踐的法門。第三篇談論的就是這番教誨培養出來的責任感。一行禪師賦予了諸如「觀照」、「愛」或「生活」等辭彙新的定義。二〇一〇年時，禪師重新審視了「入世佛教」這個詞彙，而更偏好以「應用佛教」加以取代。

最後，一行禪師持續不斷地強調一點：沒有什麼是比實踐「五項正念修習」更重要的。個人透過履行這些修習而獲取經驗，達到智識與實踐合一，這也將造就根植於生命中的靈性力量。

第一章

和平之路，痊癒之路

為和平所下的工夫與內在的正向轉化息息相關，也就是將不好的習性轉化為有益的德行的過程。釋迦牟尼佛曾經訓示：和平是吾人的真正天性。毋需從外部尋找和平，這全然取決於我們自身。人類經驗到的暴力、衝突以及苦難，根源於恐懼、無知、憤怒、仇恨與自私，這種種細微而難以捉摸的缺陷和情感外顯為令人生畏的行動舉止，而戰爭便是集體意識缺乏和平的具體展現。就像煉金師的工作：將這些劣習轉化為對眾生的真正憐憫之心，這等同於進行療癒。如此一來，這番內在的轉化對生理以及心理皆能發揮療癒之效。當你散發出憐憫和愛，內心便能達到理想的健康狀態。

當喜悅轉變社會

喜悅是分分秒秒無所不在且觸手可及的，日常的枝微末節都蘊含了讓生命更為活躍的可能。在清晨張開雙眼或者入睡、啜飲一杯水並感受水在喉間的流動、在傍晚聆聽鳥鳴或甚至是刷牙，抑或是行走在馬路上，都是取之不盡的啟發泉源。正念需要培養，就如同園丁的工作是去開墾精神的園地，讓它接受陽光或是覺知之光的照拂。這樣的光亮能夠啟迪人的一舉一動、一念一想。因此，正念的生活即是修習的成果。

一行禪師在《正念的奇蹟》中[137]，對於達到如此的境界予以充分的必要說明。

一行禪師透過正念而揭示了「明珠」，即釋迦牟尼佛證悟的精神。在他尋求解脫，也就是他還僅以「喬達摩」之名為人所知的時候，他要求自己實行嚴格的苦行及長時間的齋戒，並採取其他的方法及試煉，但皆徒勞無功。釋迦牟尼端坐於蓮花之中，在河邊全心沉浸於深度的禪修裡，其身軀瘦骨嶙峋，但這些苦修僅帶給他些微的慰藉。

之後，釋迦牟尼在印度東北部的菩提迦耶發願：如不成正覺，永不起身。他在經歷試煉之後，開悟成佛。祂的手碰觸地面，全神貫注，祂的精神全然地覺知到周圍的事物，並與自然、生命的不同型態與階層——動物、植物、人類以及天地萬物的總和——在無窮小與無窮大之中互動。事實上，是生命本身讓祂解脫。釋迦牟尼從生命之中、而不是在生命之外得到解放。在全然體察生命之時，生命自會賜予恩典，而絲毫不需要在他處尋覓，不必將自己局限在精神的框限裡或孤身處於洞穴之中，不必踐履嚴酷之至的修行。恩典在生活中的每個片刻彰顯出來，就存在於我們從枝頭摘下的成熟果實、在一切事物其美妙而純然的存在裡，而這就是「中道」。

一行禪師曾說：「正念的生活，放慢腳步，細心感受每一個瞬間與每一口呼吸，此已足矣。」[138]

這樣的實踐能帶來莫大的寬暢之感，並從中得到真切的幸福與喜悅。如果每個人都能或多或少領略如此的寬暢與幸福，社會的運行和方向將得以轉變。

「你在此刻和你的生命有約，如果你錯過這次約會，你也可能錯過你的生命。我們透過安身於此刻，便可以看見環繞在我們身邊所有的美和奇蹟。單純地透過覺察到眼前的事物，就足以令我們感到歡愉。」[139]

無數的因子串聯你我

一九六六年，一行禪師創立了「接見同修」，將佛教中「相互依存」的重要概念予以創新：我們並非獨立於他人而存在，我們僅是和我們的祖先、後代與周遭眾生的關係構成的。這不同於「相互依存」概念，禪師強調此一概念的含義較為局限，彷彿已為同代人定奪了某種宿命；然而「互即互入」則是一種集體的智慧、精神的開放。「互即互入」意味著沒有他者，我們就無法存在：無數的因子將我們相互聯繫。受釋迦牟尼佛的教誨啟發的一行禪師認為：沒有雲便沒有天空，沒有樹木便沒有紙，沒有自然就沒有人類，沒有母親和藹的照料，嬰孩就無法長大。

社會上的一切促使我們認為自己是獨立於他者和自然而存在的，而且我們是「相異」的。追求物質、消費至上、狂熱的個人主義、對於形象的重視與著迷導致不由自主地追逐潮流，社會競爭各以不同的方式迫使每個人都應該有自己專屬的榮耀跟權力。在此情況下，在我們相信自己是獨特的同時，我們就把自己和別人區隔開來。外表成為一種支配的工具，我們渴求引起同伴的讚賞與認可，但我們不懂得愛人或被愛，僅製造出表面的幻象，並且由於自己的無知而感到痛苦。在沒有覺察到這個問題之下，我們探求愛、摸索意義，但卻徒使我們愈加離群索居，處於失衡的險境。我們的內心產生了裂痕，貪婪、嫉妒、猜疑、憂愁……等負面的情緒都是由此而生。

一行禪師強調：「我們是互即互入。」禪師囑咐我們深入思索這樣的概念，去鍛鍊我們的心神，並洞察宇宙中所有元素之間的聯繫與關係。禪師說：應該把「互即互入」這個詞彙納入字典中。事實上，這個詞彙開啟了一種看待世界的新視野，是一種更加深刻、非鬥爭而且良善的視野。如果能洞識萬物之間的聯繫，並且重視我們是和宇宙整體相連的概念，就會產生善的力量。因果循環出現在生命的所有狀態中，而且意味深長。這樣的領悟將會自然地使我們心生感激：是啊！我們屬於這個世界！

在集體的層面上，拒絕他人、對年長者及弱勢者的孤立、社會關係的解體、對於環境破壞的漠不關心、物種的滅絕、軍事或潛在的衝突，後者尤其在群體中十分普遍，這些都是由於累積「獨立自我」的想法所引起的一部分負面效應。但最終，個體若是脫離作為萬象之基礎的「聯合」，則必然衰弱。

有一天，我們會了解有些承諾是虛假的，只是為了某些商人的利益而存在的幻象。缺乏良知之下而擁有的財富並不會帶來幸福。隨著時間流逝，美貌會逝去，工作上的輝煌成就會被逐漸淡忘，這便是時間的定律。我們會重新回到孤獨之中，經歷再一次的痛苦。外表是會騙人的，因為在表象中實際上藏有自我陷溺的機會。我們必須了解，我們能超越僅僅被表象操控的傀儡。培養內在是其中一個建議，一行禪師教導：只要有一點能量，我們就能改變這樣的苦痛。訓練自己從內在去觀看及感受和構成萬物的一切的自然，我們就有機會觸及永恆。

以簡單的方式來說，餐館的桌上、盛在一個白色小杯子裡的咖啡背後其實有一段漫長的故事，是專業技術、貿易、經濟和甚至是政治協商交錯之下的綜合體。咖啡豆從土壤吸收雨水、通過經銷網路送往烘焙商，一直到餐廳服務生在這座大城市中端上這杯咖啡。咖啡是經由不同的要素集結而成，而我的購買慾則是一連串過程的最後一環。從經濟和政治的角度來看，我也與之息息相關。

物理學是否呼應禪師的觀念？「我們的眼睛組成成分和太陽的成分是相同的。眼睛與太陽之間的接觸是恆定且親密的。同樣的東西彼此對話。恆星的原子向我們眼睛的原子訴說光輝的話語。」[140]而宇宙的歷史亦是我們的歷史。「無論人類是多麼無可限量，他仍是整體的一部分：我們是天空的孩子……繁星的塵埃。」[141]

每天早晨，在梅村禪修中心，人們帶著覺知地實行「觸地」，這是體察並感激大地的一種完整修習實踐。一行禪師從年少時代就開始實踐這種感激的儀式。在相關的佛法中心裡，也規劃了同樣以感激為主題的研修日。

行使深觀

我們的社會最亟需的難道不就是真誠為他人奉獻的人？這樣的人也就是菩薩。社會需要富涵愛的能量、能夠突破阻礙並散布和平的人；需要能夠同時以全面、系統性及多面向的方式領會整體現實的人；需要對眾生懷抱憐憫之心的無私的人。而太多時候，當我們正循著菩薩道修習時，這些善念會因為階級、群體或是種姓的劃分而消散。我們都在菩薩道上前進，因為我們都在追求幸福，尋求愛人與被愛。此種覺悟的能量稱為菩提心。修行的方法不盡相同，但初衷都是想成為「更好的自己」。

「和解並非是向偽善和殘暴妥協。和解便是反對任何形式的野心，且不偏袒任何一方。在協商或衝突之際，大部分人都會選擇支持其中一方。……我們需要能夠在不選擇陣營之下去愛的人，這樣的人足以包容整體的現實，就像母雞在所有的小雞旁寬闊地展開雙翅，照料牠們。」142

一行禪師提出：為了在令人茫然的世界漩渦中保有對真理的追索，應該實踐深觀，意即從自身內在去觀照，也就是從最為內心、最為私密的點出發。

在人類的關係中，必需經過理智的、情感的和個人的工夫，才能對他者的處境、情緒和苦痛感同身受：也就是必須透過觀看、觀察以及觀照。這是一種為了參透事物核心的禪修。舉例來說：一位朋友正經歷令他喪氣的困難，該如何幫助他？超越其形體地深入關照，捕捉其良善和光明的部分。如果缺少這樣的殷切觀照，朋友所遭遇的困難對我而言將一直如同遙不可及的海岸。如此一來，要感同身受將倍加困難，畢竟人的思想會結合評斷、條理或冷漠以對，讓自身免於遭受無論如何都無法領會的痛苦。這也就是為什麼，要理解他人就必須卸下倉促的評斷、偏見、觀念和意識形態，並懂得躲過表象與知覺的陷阱。這就需要投注充分的時間來進行深觀。

而觀照會帶來什麼樣的收穫？答案是理解與愛。捨棄多餘的顧慮，我們的心將會得到自由，並且茁壯。我們於是可能對現實產生更正確的想法，並且更加無條件地去愛。深層的理解包含了多種階段，這是一種確切的修習，並能使人清楚認識到應該採取什麼選擇及決定。正是經由實踐正念，個人得以培養出這般的觀照。

一九九六年四月三日，一行禪師回答了佛陀線上（Buddhaline）網站的作者文森．巴爾代（Vincent Bardet）的問題。他直接援引法國的政治情況來解釋深觀的概念：

「在日常生活中，如果我們悉心注意，就能夠用一種更深層的方式看待事物，並且應該整天都保有這種透徹的視野。昨天晚上，我談到了一些政治組織，像是保衛共和聯盟和法國民主聯盟，我沒提到社會黨，也沒提到法國共產黨及民族陣線。我認為有鑒於眾生都是相互依存的，面對我們在日常生活中看見以及碰觸到的一切，應該採取一種非二元的態度。如果我們深入檢視民族陣線的本質，可以發現民族陣線是由非民族陣線的元素，像是法國共產黨、社會黨、法國民主聯盟所組成的。問題並非著重在反對民族陣線，而是促進他們以一種更深入而且正確的方式看待事物。他們對於現實、對國家和人民的強調正統的訴求，帶有一種錯誤的認知；辱罵或反對他們並於事無補，而是應該找到靈活地運用同理心與友善的方法。我曾提到痛苦與同理心，同理心應該是要擁抱痛苦，以改變痛苦。當一個人因為懷有錯誤的認知而受苦，那就應該幫助他：那些犯了輕罪而入獄的年輕人們不應該僅是遭受懲罰，這些人也是我們的子子孫孫。非二元的視野是非常重要的，旨在洞悉現實，這不僅牽涉到修行的人，也和所有的人切身相關。必須了解相互依存的法則，才能改變狀況。」

真正的愛富含著深觀，唯有愛與理解才能將世界轉變為恆久的大善。

如果要活化這種愛，首先要從我們自身開始轉變。

「我們是否停下來並且花時間去深層觀照某個人或某群人？如果我們被自己的設想、對未來的恐懼、不確定和貪婪壓倒或牽制，怎麼會有時間停下來深層地觀照？觀照我們所愛的人、我們的家人、社群、國家和其他國家的處境？透過深觀，我們看到自身在受苦，但他人也在受苦。不僅是我們的群體受苦，別的群體也是。一旦有著這樣的覺察，我們就會明白，處罰並非解答。」

第二章
園丁的工具

「雜草只是一種優點還沒被發掘的植物。」

——愛默生

重新認識自我的本質，這便是佛教及所有宗教或誠心靈修的主張。

在我們的人生初期，我們與父親、母親及前輩相連。我們需要在他們的照料下成長，而此時經歷的痛苦將塑造我們的心理特質。童年的背景會決定個人與世界建立連結的模式，因而塑造出未來的走向與波折。關於精神領域的研究，在佛教裡占有特別重要的地位。一行禪師在《精神轉型》（*Pour une metamorphose de l'esprit*）一書中[143]，詳加闡釋覺知的種種機制。

喚醒我們的內在小孩

細微程度各異的線索將我們和童年及當時的人重新連結在一起，使我們不自覺地回憶起過去。內在的小孩便是我們自身這個私密的部分，處於我們內心深處，隱藏在痛苦和傷痛之下。痛苦和傷痛的層層積累終會扭曲我們對現實的體悟及理解，而我們則透過這層濾鏡來解讀現實；這是一種無意識的過程。

「正念有助於我們認識外顯在日常生活中的心行（formation mentale）。」[144]

為了讓自己重新和這個深層的面向連結，一行禪師呼籲要透過覺知來觀照苦難。

「轉向自身並關注自己。你的身體需要你，你的感知和知覺也需要你。

在你深處的受傷小孩也需要你。你的憂慮、累積的苦痛也需要你。……做任何事的時候都抱持正念，好好真實地活在此刻，而且能夠去愛。」145

一行禪師提到「擁抱」痛苦，因為這個舉動需要溫柔，一如迎接受傷小孩的苦痛時的緊緊擁抱，我們由此而和自我的每個部分和解。我們的價值並非建立在他人的看法上，而是出於對自身的仁慈，對自己的這種溫柔並不取決於個人的成功或失敗。當我們感到對自我的溫柔憐憫之情滋長著，這將必然使自己與社會的價值背道而馳，這個社會講求績效表現目標、以需求和成效為重，並將溫柔視為屈從和放任。但這樣的仁慈使我們能夠於自己的內在進行細查、探尋，並且能觸及我們的內在小孩。溫柔能賦予我們更強大的能力去質疑自我。事實上，溫柔使我們更加開闊，從而重新喚起我們的能力。第一階段是培養既不拒絕、也不逃避的全神貫注。我們若沒有重新和內在小孩聯繫，而且未發現轉變的道路，則有可能加劇對痛苦的壓抑。探查我們的內心和心理，由此而體察痛苦的根源，並且拒絕重蹈覆轍，這便是藉由潛心禪修所可能達致的結果。

「從我能全然接受我的傷口、而且準備好去感受它的那一刻起，我將不會再因為它而難受。我將感覺到自己充分能夠馴服我的苦痛，並與之共存，因為這樣的努力是有益的，就像苦瓜，它甚至能使我恢復健康。因此，就讓苦痛存在於我們的內在。全然地接受它，為自己做好再多受一點苦的準備，以便從痛苦中學習。」146

惡魔藏匿在我們內心深處：認識它、迎接它並且愛它，這就是徹底解脫之道。

「禪即是如此。在我們的覺知深處，種植了所有可能的因子，包含了毒蛇、鬼怪及其他不討喜的生物。雖然這些生物都藏匿起來，但仍然會控制我們的衝動和行為。如果我們想要從中解脫，就必須請這些鬼怪浮出到覺知的層次上。我們不需要像捉蛇的老人一樣和他們對抗，而是與他們做朋友。如果我們不這麼做，這些鬼怪便會一直折磨我們。相反的，如果我們懂得等待佳機請他們現身，並且準備好迎接他們，他們終將再也不會帶來傷害。」[147]

回歸恆久的節奏

二〇〇一年九月二十五日，在嚴重打擊了紐約這座城市的九一一恐怖攻擊後的局面中，一行禪師在當地河濱教堂的美國觀眾面前發表了他有別於傳統的觀點：

「在越戰時期，數以千計的人們，包括我的朋友、門徒都遭到殺害。我心中充滿了憎恨，但是憤怒之下的言行舉止會導致更大的破壞。我了解到並非僅有越南人遭受著痛苦，被送往越南去屠殺或是被殺害的美國年輕人也深深受苦。因此，我不再對美國人民抱有憎恨。今天，我視自己為紐約人，我們應該重拾自己的平靜與理智。」[148]他接著表示：「恐怖主義的基地存在於人類的心中。你的殺戮越多，你就創造出越多的恐怖分子。恐怖分子受到憎恨的病毒所感染，內心懷抱著對抗邪惡的信念。我們應該要消滅的是疾病，而非病人。」[149]

最後這句話也說明了種種的戰爭、對抗和衝突。值得高興的是，這一切是可以解決的，方法即是回歸到恆久的節奏。但要如何找到這種節奏呢？

《摩西五書》（*Thora*）中的一段文字提到：存在著兩條道路，一條是生命之路，另一條則是死亡之路[150]，而人將會選擇生命之路。我們是有生命的，因此我們應該要在自我的深處探尋，而永恆之路就在賦予我們心跳並讓身體充滿氧氣的氣息和呼吸之中。

透過經常訓練自己去覺察進入及散出身體的氣息，我們就會自然地、反射性地重新意識到呼吸的節奏。當我們遇到或大或小的突發狀況：一句話，或者可能令人陷入憎恨或氣憤等情緒的痛苦，此時覺知就會自然而然地專注在呼吸上，就像一個庇護之所。在情緒的反應之下，心跳的頻率會加速。產生反應的這個瞬間是一個引爆點。覺知就是在此時發揮作用，使我們回歸到根本，亦即呼吸。如此一來，我們不僅避免了負面情緒，也能穩穩地奠立在生命之路上。對呼吸的全然覺知透過產生一種深層的安定情感，來化解負面的情緒。這是一條需要通過修習而達到的自由之路；隨著時間的累積，每個人皆能成為和平的種籽。

「憤怒就像種籽在我們的內在萌芽，愛和憐憫亦是。我們的意識中藏有無數的負面種籽，也有無數的正面種籽。修行的關鍵在於避免澆灌負面的種籽，而每日灌溉正面的種籽，這樣的修行便是愛的修行。」[151]

放慢速度

唯有重新審視自己與時間的關係，才有可能擺脫暴力的環境。對績效的一味崇尚構成一種會危害我們身心的暴力，而恐懼即是其中的一項要素：害怕浪費時間、怕自己在他人眼中顯得不夠優秀、害怕做得不夠多。這種暴力將形成一種稱為「壓力」的疾病，後者是多種生理與心理機能失調的根因[152]。然而，所謂的時間其實是此時此刻。在梅村，一行禪師邀請讀者和訪客進入的恰是另外一種時空。充斥著許多建議讀者如何增進生活樂趣的書籍或文章，教導讀者和自己的孩子、另一半、老闆以及自己維繫良好的關係。然而，最終，當你再深入思考其中的言外之意時，就會發現一個定律：保留更多的時間給自己。

由此觀之，要養成及塑造與他人的良好關係，必須仰賴的是時間。單純地保留時間給自己，就是一種慰藉。在早晨醒來之際，用幾分鐘為接下來的一天設定目標，花費時間思索自身，這就足以開展我們的內在生命。花時間存在，而不是做事，這就會在我們面前開啟一方空間，提供養料讓我們活出完滿的生命。正念修行的豐富之處即是揭示出：我們只要「存在」就足以細細品嚐生命的滋味，而且這樣的幸福是人人皆可享有的。為事物花費時間是一種對生命的信任之舉，對於一行禪師而言，「愛就是活在當下」。專注於此時此刻，這就會讓實踐者如獲至寶。懂得體察當下的人完全不需要擁有；他們絲毫不必占有他人、坐擁物質或有形的東西，而能單純從存在著、發生著的事物中感到快樂，勾勒出感恩之道。

「你也許會認為只有在未來才能夠觸及幸福，但是如果你試著停止奔跑，你會發現其實在很多情況下，快樂是不需要等待的。唯有在此刻，我們能夠活著。過去已成過去，而未來尚未到來。只有在此刻，我們可以觸及生命，並深刻地活著。我們的真正的居所就是此地和此刻……在此刻會有痛苦，但是也會有和平、安穩與解脫。」[153]

慈悲的力量

化解分歧的真正解藥就是保有慈悲之心，需要一種超脫所有情緒的穩定狀態。依照佛教哲學，慈悲是體察到事物相互依存以及世界的大同之下的成果。毫不執著於個人的、一時的、主觀地和自我的情緒，透過長時間的靜思及一次次的內省，就能培養出慈悲之心。當真正的慈悲出現時，每個人生命的神聖向度將變得清晰，而這個向度超越了國族、宗教或社會等不同形式的身分。如此一來，慈悲促使每個人以不同的眼光去看世界、世界上的利害關係和其中的居民。

現在，慈悲不只是一種單純的選擇。如果我們再繼續單從個人利益的角度面對世界，而且短視近利，只會使我們更難以脫離困境。我們的地球存在著迴異的極端，當中充斥著愈加嚴重的不平等，導致了怨恨、屈辱，成為滋長種種基本教義派支系及其他暴力的沃土。慈悲並不必然需要去愛他人，而是單純地尊重、傾聽他人、理解他人的苦痛和煩惱。如果沒有慈悲，這個世界將不宜居住。

「一番話就足以帶來安慰與信心，消除疑慮，幫助某個人免於犯錯，使衝突的雙方和解，或是開啟解放的大門。一個舉動就足以拯救另一個人的生命，或是幫助他把握珍貴的良機。僅僅一個想法也具有同樣的效果，因為思想總會被付諸實踐成為話語及行動。心中懷抱憐憫之情，每個念頭、每一番話、每個舉動都能締造出奇蹟。」154

第三章
邁向和平

「你對於你所馴養的一切必須永遠負責任。」

「什麼是馴養？」小王子問。

「那是時常被忽略的一件事，」狐狸說，「這意味著『建立關係』……」[155]

眾所皆知的「蝴蝶效應」是指一隻蝴蝶的振翅可能在世界的另一個角落掀起風暴。同樣地，思想並不是中立的，而會在空間中引起震盪。在一個房間中，思想的流動會創造出一種往往能透過「氣氛」感知的能量。我們都是帶有震盪的存在，而我們的行動、思想和話語構成的整體都影響著世界。中國有一句諺語說：「當你注視一朵花時，莫忘了它也在注視你。」

在觀察者與被觀察的對象之間存在著一種反饋現象。在這些情況下，未來將如何開展？這番領悟實際上意味著重大的責任，如同小王子馴養狐狸，我們學習馴養如今屬於我們的世界，漸漸茁壯並且成熟，隨著視野逐漸擴展，也將必須對世界負有責任。

一行禪師專心致志而全面地投入創造性的事物，因此他也接觸各種相關的群體，例如高科技、經濟與政治等等，並且一貫地基於散布和平與慈悲種籽的角度，他從事的活動有很大一部分是為了建立社群而努力。

傾聽的藝術：領導者的靈感來源

是否有可能聽到一切？我們能夠聽見所有的字詞、所有的故事嗎？傾聽的能力是一門需要長年培養的藝術。經驗告訴我們：並非每個人都具備傾聽的能力，擁有這種能力的人甚至很稀少，因為傾聽需要專注在此刻、需要一種沉靜的親和力，甚至要具備極高的精神成熟度。傾聽是透過結合善與慈悲的力量，深入觀照而達到的，這也就是一行禪師所謂的「深入聆聽」，這些特質使我們能更貼近地理解他人、領會他人的故事與訊息。

有一個例子顯示出適切聆聽的重要性。作家普里莫・萊維（Primo Levi）從波蘭的奧斯威辛集中營歸來，在祖國義大利與家人一同歡慶重逢的喜悅。在用餐的時候，他吐露在集中營的親身經歷。他寫道，在訴說之際，「一個冰冷的世界囚禁著我」[156]。他敘說的事物的恐怖引起了不安和沉默。在他看來，他似乎無法和別人分擔這番恐怖。他的書出版後乏人問津，沒有人能聽到這樣的一番控訴。雖然他在身體上已經獲得自由，但是心理卻被囚禁在某種孤立之中，被監禁在他的痛苦回憶裡，他費力地在社會中尋求荒誕事物的證言的發聲管道。在這個年代，人們缺乏的便是深度理解的知能。

「傾聽的目的只有一個：使他人傾訴衷腸。如果你這樣去實踐，則將長保慈悲之心。有這樣的覺悟之後，我可以確定在場的各位全都明白，只有一種特質能消弭和治癒憎恨、暴力和憤怒——那便是慈悲。慈悲就是憎恨與暴力的解藥。」[157]

自一九九〇年代末期開始，聯繫的方式愈加多樣化。然而，我們是否更了解彼此？溝通是一門藝術，需要能夠專注在當下、恰當地遣詞用字，以及適切的時空。一行禪師鼓勵全世界的政治及經濟菁英，藉由五項正念修習去深入傾聽他人。傾聽是一把得以了解他人的鑰匙。冥想的靜修促使我們去傾聽。真正的傾聽是在靜默之中發生的，並且是從傾聽自己開始。去觸及自己最私密的內在深處，有一天當有人向我們吐露心聲，我們將可望釋出真誠。這也就是為何在溝通之前，必須先傾聽。

在梅村和以色列——例如在以色列人和巴基斯坦人之間——舉行著培養和解的系列活動，而且頗有成效。傾聽含有某種形式的慈悲。事實上，傾訴自身的故事也能達到療癒的效益。

「當你坐上協議桌時，你想要而且期待達到和平。但是如果你無法掌握慈悲地傾聽，以及親切說話的藝術，你將難以得到具體的結果，因為憎恨和憤怒總是揮之不去，而這一切束縛了我們締造和平的能力。各國的政府應該了解到，實際恢復溝通是達到成功的至要因素。僅是單純的傾聽就可能會耗費一或兩個月，但是如果我們不急著做出結論，就有可能達到和平。」[158]

建立愛的群體

我們人類比其他任何物種都更深刻地仰賴於愛。我們的頭腦歷經演進，為的是提供以及接收關愛及照顧，以至於如果缺少此種養分，大腦就會退化。因此，母愛需要以奉獻而無私的態度實踐，並且必須在很大的程度上忘卻自己。在將這種明智擴散到他人身上、而非僅是原本與我們基因連結的人時，我們也增進了自己的生命。換句話說，個人利益與群體的利益是一致的，這是打造一個適切運作的社會的基本要素。

在一個社會中，成員間的良好關係是判定其內在健康的指標。同樣地，我們與他人維持的關聯也是使我們快樂的因素。一行禪師認為，我們必需重新發掘群體的意識，在崇尚個人主義的富裕國家尤其如此。集體的智慧與創造力是由良好的關係而生。一行禪師和小馬丁·路德·金恩的抱負就是創造出一個基於人類相互友愛的廣大社群。社群提供了能與他人真正交集的機會，是一個不求回報、不求私利的領域，其成員抱持著共同的人道主義願景。

「在梅村，兒童是我們關注的重心。每個大人都有義務幫助兒童，讓他們感到快樂而安心。我們也了解，如果兒童快樂，那麼大人也會快樂。」[159]

釋迦牟尼佛曾和祂的弟子談到以「三寶」安身立命：佛寶、法寶、僧寶。

「我們知道，在每個社會、每個國家，要能為所有的人提供遮風避雨的地方是很重要的。有這麼多無家可歸的人。從精神上而言，我們沒有地方可回。這也就是為何安身之舉是如此重要，我們應該學著『回家』。」[160]

「愛的基底是正念。如果無法『活在當下』，就無法去愛。學習活在當下看似簡單，但是除非經過修習，否則會十分困難。幾千年以來，我們都忘了自己正在活著，而我們也不可能在一夕之間改變。我們只有在此時此刻才能與生命深刻地相遇，為了要達到這個目標，我們需要一種支持，而這種支持就是僧伽。」161

在梅村中，當人際關係產生問題時，住民會用三個短的句子著手進行調解：一句話是為了表達對他人的情緒狀態的了解；一句話是表示大家皆盡心盡力了；另一句話則是為了要分享他者的苦痛。

「如果你有一個難以相處的兄弟或姊妹，幫助他／她，因為他／她就是你自己。如果你無法伸出援手，你的修行便無法達到正面的效果。如果你持續抱持著自己是獨立個體的想法，認為幸福是個人的，你便會失敗。當你和人們之間建立起連結與根，縈繞在你心中的孤立和寂寞的情緒將會轉變。你不再僅是一個個體，你所有的兄弟、姊妹與同伴們，伴隨在你心中。」[162]

一行禪師喜愛以具體的情境例子來證說。他的教誨是基於經歷過各種迴異的環境和數十年個人經驗而形塑。甚至是愛，他也能夠透過例子加以體現。以下這段節錄文字的主題是關於「母親」。

「你或許會想要帶著恬靜的微笑靜靜地走進她的房間，然後坐在她身邊。無需多言，請她停下手邊的工作。然後深深地注視她許久，只為了好好地看著她，為了看到她就在那裡，充滿活力的在你身邊。你握起她的手，並以簡短的問題引起她的注意：『媽媽，妳知道嗎？』有點驚訝的她或許會微笑著問你：『知道什麼呢？』你持續注視她的眼眸，並帶著豁然的笑容告訴她：『你知道我愛妳嗎？』」[163]

耶穌是西方的佛陀

從吳廷琰在越南的獨裁統治到興起反越戰運動的美國，都在在證實了佛教和基督教之間的鏈結，一行禪師也和積極投身於社會的基督教徒彼此往來。在美國，禪師對耶穌啟示的興趣促使他和托馬斯・默頓和丹尼爾・貝利根建立友誼，他並和貝利根一同參加了聖餐禮。在歐洲，越南和平代表團的行動在基督徒的組織中獲得重大的支持，禪師將這些成員也視為真正的菩薩。禪師在他的《基督和佛陀是兄弟》等著作中，指出佛教與基督教之間的深層共通點[164]。無論是何種傳統，禪師都強調透過充分經驗而靈修的必要性，而且這不會在走出教堂或寺廟的大門之際就消失。

「如果耶穌是上帝的化身，那麼祂給予我們的麵包也就是宇宙的化身。深入地觀看，你將會在麵包中看到太陽、藍天、雪與大地。你可以告訴我在一塊麵包中沒有的東西嗎？然後你為了生存、充滿活力而吃麵包。在梅村，你學習抱持正念進食燕麥，因為燕麥亦是宇宙的化身。秉持著這樣的信念進食，就有機會習得愛與開悟。」[165]

禪師認為，在學習觸知佛陀的本質之際，不應該將之視為概念，而應該視之為真實。不應將佛陀歸結成一段千年的歷史，或者單一的時空，因為祂必定是相對的。透過到達最高程度的覺知，並帶著全然覺知去生活，則每個人都能實現佛陀的教誨。

「如果你好好修行，有一天你會領悟，佛陀並非他者，佛陀就在我們的內心，因為佛陀的本質是正念、理解與慈悲。如果你好好實踐，並且聆聽佛陀，就會明白佛陀的本質存於你的心中。」[166]

「正念是對你每天所做的一切保有覺察。正念就像能照亮你所有思緒、行動與話語的一盞明燈。正念即是佛陀，正念等同於聖靈，是上帝的能量。」[167]

一行禪師鼓勵每個人重新連接到自己的根，不論是家族的、宗教的或是精神的根源。以一股新火重建、復甦並振興社會的框架與結構，在其中傾注慈悲與覺知構成的嶄新能量。人們或稱之為「恩典」、聖火、光芒、能量。

附錄一

接現同修的十四項修習

1. 不要過分崇拜任何教義、理論或意識形態，包含佛教亦是。應該將佛教的思想體系視為修行實踐的指南，而非絕對的真理。

2. 不要認為現有的知識是不變且絕對的真理。避免擁有狹窄的心智，且避免被現有的眼光所局限。學習與實行放下我執的方法，藉以對他人的看法保持開放的態度。真理只能從生活尋得，而非在概念中。準備好用一生去學習，在自身及世界中探察生命。

3. 不要強迫他人去接受我們的觀點，包括孩童也一樣，無論是用威望、威脅、錢財、宣傳或教育的方式。尊重人與人之間的差異以及每個人的意見自由。然而可透過對話幫助他人拋棄盲目崇拜及思想上的狹隘。

4. 不要逃避與痛苦接觸，亦不要在痛苦的面前閉上雙眼。對世界上存在的苦難持續秉持全然的覺知，盡力設法接近正在受苦的人，無論是透過個人接觸、拜訪、影像或是聲音……透過這些方式，喚醒自己和他人去觀照世界上的苦難之現實。

5. 當數百萬人正受飢餓所苦時，不要累積金錢或是財富。勿以榮耀、利益、富有或感官上的歡愉作為生活目標。簡單的生活，並與需要的人分享時間、能量及個人才智。

6. 勿將怒火或憎恨留存於心中，在憤怒和憎恨仍在覺知的深處時，學習加以反省和轉化。當憤怒及憎恨顯露出來時，專注於自己的呼吸，並行使深層的觀照，以看穿及了解憤怒、憎恨與其引發者的本質。學習以慈悲的眼光看待事物。

7. 勿被紛擾或周圍的人影響而迷失自我。練習帶著覺知的呼吸，並回歸到當下發生的事物。接觸美好、具有朝氣與活力的事物。於內心散播和平、喜悅與理解的種子，以促進在覺知深處的轉化過程。

8. 勿說會引起紛爭或招致社群對立的話語。不管衝突再怎麼小，都應透過平和客觀的言語以及平靜的動作，盡一切努力調和、消解衝突。

9. 不為個人利益或引發他人強烈印象而說出不實之事。勿言說會引起分歧及憎恨的話語。不散布未經證實的消息。不批評及譴責尚未確認的事物。恆以正直而建設性的態度發言。針對不公不義的情況，在即使會危及自身安全之下，仍能勇敢道出真相。

10. 不為私人利益利用宗教團體，或是將之轉變為政黨。我們所處的社群應該嚴正地反對壓迫與不公義，在不介入派系紛爭之下，盡力改變現狀。

11. 勿從事會傷害人類或自然的工作。不投資奪走他人所有生存機會的公司。選擇一項能透過慈悲而促進實現個人生活理想的職業。

12. 勿殺戮，亦不讓他人殺戮。盡可能用一切方法保護生命，避免戰爭。致力於締造和平。

13. 不侵占屬於他人的東西。尊重他人的財產，但避免會增添人類或生物痛苦的舉動。

14. 勿虐待自己的身體，學習加以尊重。勿僅僅將之視為一個器具。為了實現「道」，必需儲備生命的至要能量（精、氣、神）。倘若沒有深刻的愛與承諾，不宜表現情慾。性關係方面，需注意到未來可能會對他人造成的苦痛。為了維護他人的幸福，須尊重他人的權力及投入的事務。全然地覺知自己在將新生命帶到世上時所肩負的責重，並深入思索新生命來到的這個世界。

附錄二

二〇〇〇年和平文化與非暴力宣言

因為二〇〇〇年應該是一個新的開始，眾人一同，將戰爭和暴力文化轉變為和平與非暴力文化的一年，

因為這番轉變需要每個男性和女性的參與，而且應該給予年輕人和未來世代適切的價值觀，以促進他們創造一個對所有人都更為公正、團結、自由、尊嚴、和諧與繁榮的世界，

因為和平的文化可以帶來永續發展、使人保育環境，並使每個人充分發展，

因為我深知自己對人類未來所擔負的責任，特別是對今天、明天和未來的每一個孩子，

我從我的日常生活、家庭、工作、社群、國家和地區做出以下承諾：

1. 尊重每個人的生命和尊嚴，杜絕歧視和偏見；
2. 透過拒絕各種形式的暴力：身體、性、心理、經濟和社會的暴力，而徹底落實非暴力，尤其是對兒童和青少年等最無助和脆弱的人；
3. 透過培養寬大之心，分享自己的時間和資源，以終結排擠、不公義和政治與經濟的壓迫；
4. 永遠願意傾聽與對話，以此捍衛言論自由和文化多樣性，不陷入狂熱崇拜、流言蜚語和對他人的否定；
5. 落實有責任感的消費，以及重視所有形式生命的重要性、維持地球自然資源平衡的發展模式；
6. 在婦女充分參與並遵循民主原則之下貢獻於發展社群，以共同創造新的團結形式。

簽名

×××

附錄三

二〇〇〇年宣言：和平文化六大綱領

1. **尊重所有生命**

尊重全人類的生命和尊嚴，勿抱持任何歧視或偏見。

2. **杜絕暴力**

徹底落實非暴力，拒絕一切形式的暴力：身體、性、心理、經濟和社會的暴力，尤其是施加於兒童和青少年等最無助和脆弱的人身上的暴力。

3. **與他人分享**

秉持寬大的精神分享自己的時間和資源，以終結排擠、不公義和政治與經濟的壓迫。

4. 基於理解而傾聽

著重對話與傾聽，從而捍衛言論自由和文化多樣性，而且不任憑自己狂熱崇拜、詆毀和否定他人。

5. 保育地球

落實有責任感的消費行為，以及尊重所有生命、維持地球自然資源平衡的發展實踐。

6. 重拾團結

在婦女充分參與並遵循民主原則之下貢獻於發展社群，以共同創造新的團結形式。

VIETNAM AND THE
AMERICAN CONSCIENCE
A Tribute to
Thich
Nhat
Hanh
Leading Buddhist Monk from Vietnam
Thich Nhat Hanh is a foremost spokesman for peace among Vietnamese Buddhists. Close associate of Thich Tri Quang and Thich Tam Chau, he is a writer, poet and activist, heading up the Institute of Social Studies of Buddhist University of Saigon. After three weeks in America talking to people in all walks of life, on TV and the press, of the anguish of his people and their longing for peace, Thich Nhat Hahn returns to his homeland, to face possible persecution at the hands of the Ky government.
ARTHUR MILLER
ROBERT LOWELL
DANIEL BERRIGAN S. J.
ABRAHAM HESCHEL
JOHN OLIVER NELSON
Town Hall, June 9, 8 p.m.
113 W. 43rd St., N.Y.C.
General Admission: $1.00. Tickets at box office from June 2 or at the door. Hall open 7:30 p.m. JU 2-4536.
Sponsored by
The International Committee of Conscience on Vietnam
of the Fellowship of Reconciliation

在紐約舉行的一場向一行禪師致敬的演講海報。

incomplete

A8 Wednesday, June 1, 1966 THE WASHINGTON POST

CRISIS—
From A1

Terrorist Bomb Hurts Buddhist Leader

in a coma, and receiving a blood transfusion.

The attack cast a shadow over the beginning of a series of talks between Buddhists and the generals which were scheduled to resume today.

On the basis of Buddhist statements yesterday the government appeared to have won a formidable victory in the first conciliation negotiations since the political crisis began 11 weeks ago.

(In a surprise announcement today, Premier Nguyen Cao Ky announced that the ruling Directory would be widened to include members of religious and political groups, United Press International reported. He told a military ceremony at Baclieu, 120 miles southeast of Saigon, that the junta was prepared to receive suggestion on how to effect his conciliatory move.)

Yesterday, Minh called for an end to immolations in a report to an open air meeting of the faithful at the Buddhist Institue for Secular Affairs (Vien Hoa Dao).

He stressed "discipline," said that no agreements had been reached at talks Tuesday, but acknowledged that the Vien Hoa Dao sought an understanding with the government.

He reported that Thich Tam Chau, the rector of the Vien Hoa Dao, would carry out the following Buddhist policy: 1. To secure guarantees that the constituent assembly would be established after elections and 2. To secure the resignation of the government of Premier Nguyen Cao Ky.

If the Buddhists mean what they say, the two points represent a climbdown of Everest proportions. Previously, the Buddhists have declared that they would not participate in any elections so long as Ky held power.

As recently as a week ago, influential Buddhists were discounting entirely the possibility of elections.

On the second point, no ...entioned for the ...ould be, and ...ean a re... were

Associated Press

CALLS FOR HALT—Dr. Martin Luther King Jr., accompanied at a Chicago press conference by Buddhist monk Thich Nh... Hanh urged a halt in bombing in Vi...

Representing the government were Premier Ky, directory chairman Nguyen Van Thieu, Deputy Prime Minister ... Huu Co, Chief of the ...eral Staff Cao Van ... Minister Linh ... the Governor ...

Tuesday, Thien Minh gave a partial account of the conversations between the generals and the Buddhist leaders.

He rported that the ... dhists told the ... the Budd...

times as bru... regime" ... cou...

of the Vien Hoa Dao wa... der challenge from ... Minh.

There seems little ... that the Buddhist mili... have been disappointed b... response to the campai... overthrow the Ky govern... and place blame on the ... ed States for the mil... measures taken against ... nang.

The Buddhist demonstra... have been large, as one s... put it tonight, but not ... enough. The public, to th... tent that public senti... here can be gauged, ha... reacted to the immola... with the same sense of ... rage and horror as it d... 1963, when seven monks ... nuns burned themselve... protest against the Dien... gime.

一九六六年六月一日在芝加哥的一場記者會，小馬丁・路德・金恩與一行禪師一同要求停止對越南的轟炸。

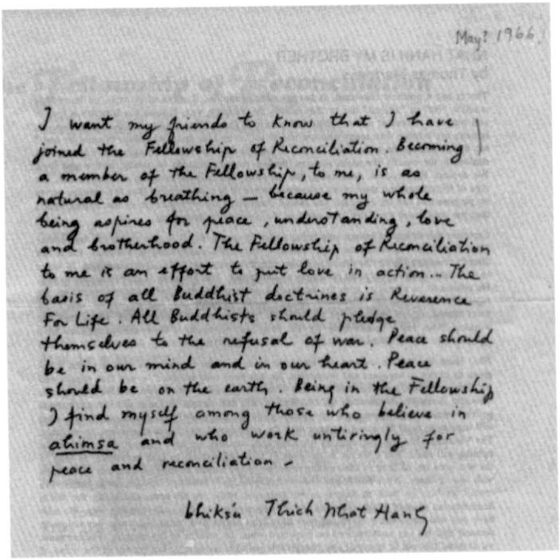

May? 1966

I want my friends to know that I have joined the Fellowship of Reconciliation. Becoming a member of the Fellowship, to me, is as natural as breathing — because my whole being aspires for peace, understanding, love and brotherhood. The Fellowship of Reconciliation to me is an effort to put love in action.. The basis of all Buddhist doctrines is Reverence For Life. All Buddhists should pledge themselves to the refusal of war. Peace should be in our mind and in our heart. Peace should be on the earth. Being in the Fellowship I find myself among those who believe in ahimsa and who work untiringly for peace and reconciliation.

Bhiksu Thich Nhat Hanh

一行禪師寫給朋友的信，告知他將加入和解委員會（一九六六年五月）。

FULL TEXT OF LETTER BY DR. MARTIN LUTHER KING, JR.

placing in nomination the name of Thich Nhat Hanh for the Nobel Peace

Prize for 1967

January 25, 1967

The Nobel Institute
Drammensveien 19
Oslo
NORWAY

Gentlemen:

As the Nobel Peace Prize Laureate of 1964, I now have the pleasure of proposing to you the name of Thich Nhat Hanh for that award in 1967.

I do not personally know of anyone more worthy of the Nobel Peace Prize than this gentle Buddhist monk from Vietnam.

This would be a notably auspicious year for you to bestow your Prize on the Venerable Nhat Hanh. Here is an apostle of peace and non-violence, cruelly separated from his own people while they are oppressed by a vicious war which has grown to threaten the sanity and security of the entire world.

Because no honor is more respected than the Nobel Peace Prize, conferring that Prize on Nhat Hanh would itself be a most generous act of peace. It would remind all nations that men of good will stand ready to lead warring elements out of an abyss of hatred and destruction. It would re-awaken men to the teaching of beauty and love found in peace. It would help to revive hopes for a new order of justice and harmony.

I know Thich Nhat Hanh, and am privileged to call him my friend. Let me share with you some things I know about him. You will find in this single human being an awesome range of abilities and interests.

He is a holy man, for he is humble and devout. He is a scholar of immense intellectual capacity. The author of ten published volumes, he is also a poet of superb clarity and human compassion. His academic discipline is the Philosophy of Religion, of which he is Professor at

小馬丁．路德．金恩為一行禪師撰寫的諾貝爾和平獎推薦信文字（一九六七年一月）。

The Poetry of Thich Nhat Hanh 1967

"A Resolution"

You ~~are~~ oppos~~ing~~e me
because I want to uproot hatred
while you are trying
to use hatred as a tool

you ~~are~~ curs~~ing~~e me
because I ~~don't~~ will not accept your proposal
to put labels on man
and to aim a gun at him

you ~~are~~ condemn~~ing~~ me
because you ~~can't~~ cannot make use of my flesh and bone
to pay the debt of ambition
because I have decided to stand on the side of man
against violence
and to protect life
which is so precious.

you are trying to destroy ~~(liquidate)~~ me
because I consent only to bow my head
before love and truth
because I ~~firmly deny~~ refuse to identify man
with the wolf -

一行禪師的詩作《決心》（*A Resolution*）原稿，由禪師親手修改。

註釋

1 裘．康菲諾（Jo Confino），〈一行禪師：正念是否因商業和金融而腐化？〉（Thich Nhât Hanh: is mindfulness being corrupted by business and finance?），《衛報》，二〇一四年三月十八日。

2 受限的生命的循環，其特徵是苦難、虛妄以及無常。

3《生命真正的力量》（橡樹林，二〇一〇）（*L'Art du pouvoir*, Guy Trédaniel, 2009）。

4 梵文bhikshu，指佛教或印度教僧侶。

5 這個選擇最終對越南政府有利，越南在二〇〇七年加入世界貿易組織。

6《你可以不怕死》（橡樹林，二〇〇三）（*Il n'y a ni mort ni peur*, La Table Ronde,

2003）

7《你可以不怕死》。

8 鴻龐氏諸王在西元前第六到第三世紀統治文郎國。

9 一行禪師，《芬芳棕櫚葉：一九六二至一九六六日記》（La Table Ronde, 2000）。

10 法國懷抱作為真正的殖民國的明確職志，在此進行的是剝削，而不是引進移民。法國第三共和在里昂・甘貝塔（Léon Gambetta）、朱爾・費里（Jules Ferry）和保羅・杜美（Paul Doumer）的引領下，從中同時看到開發茶、咖啡、礦石資源和橡膠等資源對其首都的可觀經濟利益，以及大有可為的前進廣大中國市場的跳板。

11「在新赫布里底群島成立的多家貿易公司為了獲得所需的勞力而援引愛國的理由，認為這些島嶼既然由法國和英國『共同統治』，而統治權將落入具有最多數僑胞的強國，」他們說，「我們最好引進幾千個勞工，好『勝過』英國人。」

「事實上，新赫布里底群島只是藉口。大部分的船都轉而開往新喀里多尼亞，其他船隻則開往其他的法屬島嶼。」

「這是奴隸市場在二十世紀的歷史重演。」

「我談到奴役，而情況甚至更糟。奴隸的主人在乎愛惜所豢養的畜生，畢竟後者相當於某種價值。相反地，和一個東京（北越地區）人簽下五年賣身契的主人則看到他買的東西的價值逐年減少五分之一。因此，他關切的是在五年內將這個人能給予的一切壓榨殆盡。即使這個人在此時被掏空、完蛋、一無是處，那又如何呢！主人連一分一毫都沒有損失。」（《印度支那意志》日報，一九二七年八月十日）（*Volonté indochinoise*）。

12《在東京》（*Au Tonkin*, Victor-Havard, 1885）。

13 越南語，胡志明代表「帶來光明」。

14 大地產農業是一種實施粗放農業的農耕制度。土地所有權集中在少數人手上，往往需要雇用臨時工。

15 這個法系屬於禪那。咸認是由中亞佛僧Tang Toi創立，他在西元第三世紀來到越南，傳授佛道。

16 越南文的Thây指「導師」，用於稱呼所有的僧人。

17 www.buddhaline.net/Le-bouddhisme-engage-selon-Maitre

18 一行禪師，《和好：療癒你的內在小孩》（自由之丘，二〇一二）（*Prendre soin de l'enfant intérieur*, Belfond, 2014）。

19 同前註。

20《你可以不怕死》。

21 就像阮愛國在一九一一至一九二〇年之間所做的。馬克思主義為解析主要敵人法國殖民的敵情提供了某種社會理論、解放計畫。

22 終結第二次世界大戰的四大強權：華盛頓、倫敦、莫斯科、重慶達到共同協定，決議賦予巴黎統治印度支那的權力。

23 羅傑・塔霍姆，〈另一個達賴喇嘛〉，《泰晤士報》（Roger Tagholm, The Other Dalai-Lama, *The Times*），二〇一〇年八月十日。

24《芬芳棕櫚葉：一九六二至一九六六日記》。

25 同前註。

26 Phuong意旨「芬芳」、「稀少」或「珍貴」。Boi則是指某種棕櫚樹的葉子，在古代，將釋迦牟尼佛的教訓寫在葉子上。

27《芬芳棕櫚葉：一九六二至一九六六日記》。

28 同前註。

29 同前註。

30《芬芳棕櫚葉：一九六二至一九六六日記》。

31 撒莉・金與克里斯多夫・昆恩合編，《入世佛教：亞洲的佛教解放運動》（Sallie B. King & Christopher S. Queen, *Engaged Buddhism: Buddhist Liberation Movements in Asia*, Albany, State University New York Press, 1996）。

32 由於中國的太虛（一八九〇至一九四七）僧人豐富著作的外文翻譯有限，其作品在西方大抵仍然沒沒無聞。然而理應將這位僧人視為第一位介入社會事務的佛教理論家。無政府主義的作者闡明：在所有的社會轉型中，結構性和機構面的改變乃是決定性的。

33 艾希克・霍姆盧耶，《入世佛教》（Éric Rommeluère, *Le Bouddhisme engagé*, Seuil,

2013）。

34 同前註。

35 又稱巴巴薩海布（Babasaheb）的安貝卡是印度法律學者和政治人物，也是印度《憲法》的主要起草者和印度賤民的領導者之一，並在印度發起佛教革新。

36 真空法師，《真愛的功課：追尋一行禪師五十年》（法鼓文化，2012）（La Force de l'amour, Albin Michel, 2008）。

37 釋迦牟尼佛的弟子組成的「團體」。

38 《你可以不怕死》。

39 一行禪師，《你可以不生氣》（橡樹林，二〇〇三）（La Colère. Transformer son énergie en sagesse, Pocket, 2004）。

40 這番憂慮是基於美國的「骨牌理論」，根據這項理論，在一個親共產主義的國家其意識形態突然轉向之後，鄰近的國家將發生同樣的變化。

41 《芬芳棕櫚葉：一九六二至一九六六日記》。

42 同前註。

43同前註。

44《芬芳棕櫚葉：一九六二至一九六六日記》。

45同前註。

46同前註。

47同前註。

48同前註。

49同前註。

50同前註。

51同前註。

52同前註。

53一行禪師，《基督和佛陀是兄弟》（*Bouddha et Jésus sont des frères*, Éditions du Relié, 2011）。

54同前註。

55《真愛的功課：追尋一行禪師五十年》。

56 引自安卓亞・密勒（Andrea Miller）刊登於《獅子之吼》（Lion's Roar）雜誌的文章，二〇一六年三月。

57 而這些控訴最終也被悉數揭穿。

58《芬芳棕櫚葉：一九六二至一九六六日記》。

59 同前註。

60 一行禪師，《越南：火海之蓮》（*Vietnam. The Lotus in a Sea on Fire*, Hill & Wang, 1967）。

61《真愛的功課：追尋一行禪師五十年》。

62 一行禪師，《請以種種真實之名呼喚我》（*Call Me By My True Names*, Parallax Press, 1993）。

63 自一九五七至一九六三年間，將近七百萬的農民（將近整個國家一半的人口）被迫拋棄他們的家園與稻田，去加入「興盛中心」；可疑分子則多被迫送往「再教育中心」。

64《芬芳棕櫚葉：一九六二至一九六六日記》。

65 同前註。

66《真愛的功課：追尋一行禪師五十年》。

67 同前註。

68《芬芳棕櫚葉：一九六二至一九六六日記》。

69 被燒夷彈破壞過的生態系統往往多年後仍無法恢復。一九八〇年，聯合國訂定一項公約，禁止對平民使用燒夷彈，美國雖然拒絕簽署這項公約，但也在二〇〇一年表示已摧毀兵工廠。

70 橙劑所造成的危害今日仍舊存在，無數孩童出生時，身上就帶著戰時使用的這項有毒物質直接導致的生理缺陷。

71 一行禪師，《耕一畦和平的淨土》（商周）（*Esprit d'amour, Esprit de paix*, JC Lattès, 2006）。

72《越南：火海之蓮》。

73 集結了關於僧伽戒律的文本選集，這本寺院生活規章以釋迦牟尼佛的教誨為基礎。

74《獅子之吼》雜誌，二〇一五年三月九日。

75 和解委員會是在一九一四年由來自各個不同教派的基督徒於一次大戰前夕聚集在瑞士而成立，倡導正義與和平，並反對暴力及軍國主義，同時也呼籲全世界更公正的財富分配與軍事工業的轉型。

76 Henry Regnery Company, 1954

77 原始英文書名為《*Martin Luther King and the Montgomery Story*》。

78 由甘地創造的 *satyagraha* 一詞是指一種非暴力或公民不服從的實踐。

79《五大力量》（*Les Cinq Pouvoirs*, This Is the Way Films INC, 2014）。

80「接現同修」是根據強調靜思冥想的臨濟宗傳統而創立，著重抽離外相以及透過冥想、順應合宜的手段，直接體悟世間萬物相依相存的本性。

81 對西方讀者而言，「戒律」一詞似乎有太多的言外之意，因此後來使用「修習」一詞。

82「法」同時指涉了性靈之路、釋迦牟尼佛的教誨與普世之道。

83 和解委員會檔案庫，一九六六年五月的書信。

84《真愛的功課：追尋一行禪師五十年》。

85《紐約時報》，一九六六年十一月十五日。

86《底特律報》，一九六六年十月二十五日。

87 一行禪師，〈一張打不破的椅子〉（A Chair That Is Unbreakable）。

88 一行禪師，《你可以，愛：慈悲喜捨的修行》（橡樹林，二〇〇七）（*Enseignements sur l'amour*, Albin Michel, 2004）。

89《越南：火海之蓮》。

90 一行禪師，《活的佛陀，活的耶穌》（*Living Buddha, Living Christ*）（Riverhead Books, 2007）。

91 Rutgers University Press, 2002

92 金恩牧師在這場演講恰滿一年之後的一九六八年四月四日遭到謀殺。

93《越南：火海之蓮》。

94 同前註。

95 同前註。

96 www.jimandnancyForest.com

97《紐約時報》，一九六七年五月十七日，節錄自和解委員會檔案庫。

98《真愛的功課：追尋一行禪師五十年》。

99《紐約時報》，一九六七年五月一七日，節錄自和解委員會檔案庫。

100 一行禪師，《正念的奇蹟：每日禪修手冊》（*Le Miracle de la pleine conscience. Manuel pratique de méditation*, L' Espace bleu, 1996）。

101 尚-西巴斯汀．斯特利，〈波爾多的禪宗大師〉《快訊》（Jean-Sébastien Stehli, Le Maître zen du Bordelais, *L'Express*），二〇〇一年十二月二十七日。

102 英文名稱為Search and Destroy。

103《你可以，愛：慈悲喜捨的修行》。

104 一行禪師，《憤怒》。

105 一行禪師，《愛的精神，和平的精神》。

106 一行禪師，《佛陀和耶穌是兄弟》（Pocket, 2001）。

107 同前註。

108 斯德哥爾摩會議提出的環境宣言其影響力延續至今。

109 一行禪師，《培養愛心》（*Cultivating the Mind of Love*, Parallax Press, 2004）。

110 《真愛的功課：追尋一行禪師五十年》。

111 www.jimandnancyForest.com

112 《真愛的功課：追尋一行禪師五十年》。

113 同前註。

114 www.jimandnancyForest.com

115 www.jimandnancyforest.com

116 這是早先在越南的一個避靜中心計畫的名字，但並未實現。

117 一行禪師，〈五項美好的修習〉，《正念鐘聲》第一卷第二期，一九九〇春／夏季號（Five Wonderful Precepts, *The Mindfulness Bell*）。

118 查克・狄恩，《南越：與過去和解》（Chuck Dean, *Nam Vet : Making Peace with your Past*, 2008）。

119 一行禪師，《以行動去愛》（*Love in Action*, Parallax Press, 1993）。

120〈波爾多的禪宗大師〉。

121 克利斯多夫・奎恩，《西方的入世佛教》（Christopher S. Queen, *Engaged Buddhism in the West*, Wisdom Publications, Boston, 2000）。

122 同前註。

123 尚-皮耶・卡帝亞、瑞秋・卡帝亞合著，《一行禪師：正念的幸福》（Jean-Pierre Cartier & Rachel Cartier, *Thich Nhât Hanh. Le bonheur de la pleine conscience*, La Table Ronde, 2001）。

124 文森・巴爾代（Vincent Bardet）的訪問，刊登於Buddhaline.net。

125 在一九九五年九月二十七日至十月一日舉行。

126 見《戈巴契夫的大同世界計畫》（*Gorbachev's Plan for a United World*, 1995），http://www.crossroad.to/text/articles/gorb10-95.html。

127《憤怒》。

128 Parallax Press, 2005

129〈適切的力量〉（*The Right Kind of Power*），www.beliefnet.com

130 同前註。

131 衛塞節是傳統的佛教節日，慶祝釋迦牟尼佛的誕辰，以及生命的三大階段：出生、開悟和死亡。

132 大衛・范・比瑪，〈緬甸僧侶：業已勝利〉（David Van Biema, Burma's Monks: Already a success），二〇〇七年十月十二日。

133 一封禪師談論素食之必要的信件 www.thich-nhat-hanh.fr。

134 柏納・帕函克、羅蘭・培海茲編，《另一種金融業？現代金融的批判思考和觀點》（Bernard Paranque & Roland Pérez, *La Finance autrement ?Réflexions critiques et perspectives sur la finance moderne*, Presses universitaires du Septentrion, 2015）。

135 詹姆斯・多堤暢銷書《你的心，是最強大的魔法》，平安文化，二〇一六（*Into the Magic Shop: A Neurosurgeon's Quest to Discover the Mysteries of the Brain and the Secrets of the Heart*）。

136 Center for Compassion and Altruism Research and Education, CCARE

137 《正念的奇蹟：每日禪修手冊》。

138《正念的奇蹟：每日禪修手冊》。

139 一行禪師，《觸動生命》（*Toucher la vie*, J'ai Lu, 2008）。

140 尚・烏杜舍（Jean Audouze）、米歇爾・卡瑟（Michel Cassé）、尚-克洛德・卡里耶爾（Jean-Claude Carrière），《談論不可見的事物》（*Conversations sur l'invisible*）增修版（Pocket, 2002）。

141 同前註。

142 一行禪師，《深度視野：從正念到內在自省》（*La Vision profonde. De la pleine conscience à la contemplation intérieure*）（Albin Michel出版社，「活躍靈性」Spiritualités vivantes書系，2005）。

143 一行禪師，《心如一畝田：唯識50頌》（橡樹林，二〇一七）（*Pour une metamorphose de l'esprit. Cinquante stances sur la nature de la conscience*, Pocket, 2008）。

144《基督和佛陀是兄弟》。

145 一行禪師，《愛的教誨》（Albin Michel, 1990）。

146《和好：療癒你的內在小孩》。

147《芬芳棕櫚葉》。

148〈波爾多的禪宗大師〉。

149 同前註。

150「我將生死禍福陳明在你面前，所以你要揀選生命，使你和你的後裔都得存活。……因為那就是你的生命，你的長壽。」《申命記》30 :19。

151《憤怒》。

152 根據世界衛生組織，這是此世代的疾病之一。

153《愛的教誨》。

154 同前註。

155 安東尼・德・聖-修伯里，《小王子》（Antoine de Saint-Exupéry, *Le Petit Prince*. Gallimard, 1999）。

156 鮑赫斯・西呂尼克，《說的折磨：羞愧》（Boris Cyrulnik, *Mourir de dire: la honte*, Odile Jacob, 2010）。

157 節錄自一行禪師於柏克萊的演說，〈傾聽的目的只有一個：使他人傾訴衷腸〉，二〇〇一年九月十三日。

158 同前註。

159《愛的教誨》。

160《基督和佛陀是兄弟》。

161 同前註。

162《和好：療癒你的內在小孩》。

163《愛的教誨》。

164 同前註。

165《基督和佛陀是兄弟》。

166 同前註。

167 同前註。

PEY424

一行禪師傳記：正念的足跡

Thich Nhât Hanh : une vie en pleine conscience

作　者—瑟琳・莎德拉&柏納・波杜安（Céline Chadelat、Bernard Baudouin）
譯　者—林心如
主　編—李筱婷
責任企畫—曾睦涵
美術設計—陳建志
發 行 人—趙政岷
出 版 者—時報文化出版企業股份有限公司
10803台北市和平西路三段二四〇號七樓
發行專線—（〇二）二三〇六六八四二
讀者服務專線—〇八〇〇二三一七〇五
（〇二）二三〇四七一〇三
讀者服務傳真—（〇二）二三〇四六八五八
郵撥—一九三四四七二四時報文化出版公司
信箱—臺北郵政七九～九九信箱
時報悅讀網—http://www.readingtimes.com.tw
時報出版愛讀者—http://www.facebook.com/readingtimes.fans
法律顧問—理律法律事務所　陳長文律師、李念祖律師
印　刷—勁達印刷有限公司
初版一刷—二〇一八年十二月二十一日
定價—新台幣三八〇元

時報文化出版公司成立於一九七五年，
並於一九九九年股票上櫃公開發行，於二〇〇八年脫離中時集團非屬旺中，
以「尊重智慧與創意的文化事業」為信念。

一行禪師傳記：正念的足跡／瑟琳・莎德拉 (Céline Chadelat), 柏納・波杜安 (Bernard Baudouin) 作；林心如譯. -- 初版. -- 臺北市：時報文化, 2018.12
面；14.8×21公分. -- (People；424)
譯自：Thich Nhât Hanh : une vie en pleine conscience
ISBN 978-957-13-7648-6(平裝)

1. 釋一行 (Nhât Hanh, Thich)　2. 佛教傳記

229.683　107021802

ISBN 978-957-13-7648-6
Printed in Taiwan